LA
QUESTION DU SIAM

ET LA

DÉFENSE DE L'INDO-CHINE

PAR

A. SALAIGNAC

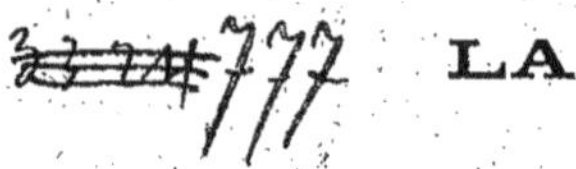

PARIS
LIBRAIRIE AFRICAINE ET COLONIALE
J. ANDRÉ, Éditeur
27, RUE BONAPARTE, 27

1904

LA QUESTION DU SIAM

ET

LA DÉFENSE DE L'INDO-CHINE

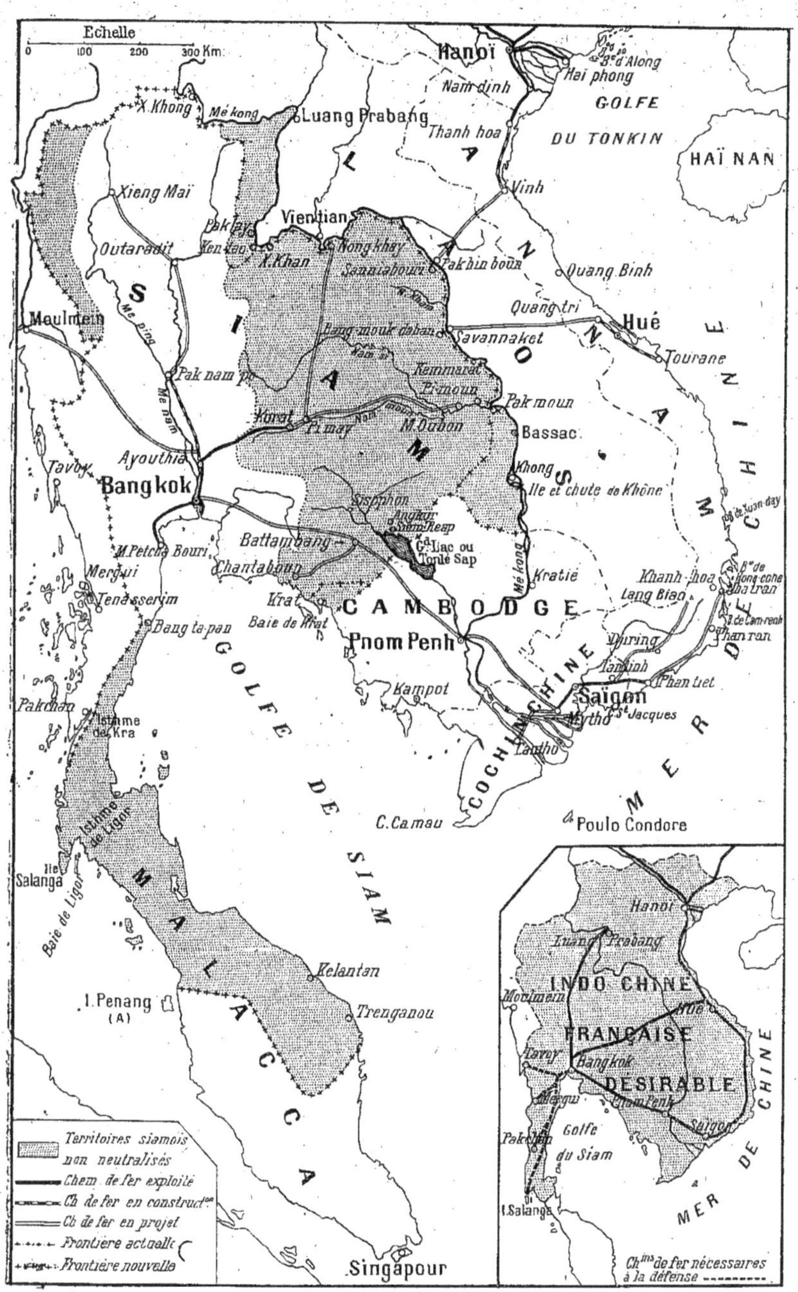

Echelle
0 100 200 300 Km.
Hanoï
Nam dinh
B.ª d'Along
Hai phong
GOLFE
DU TONKIN
HAÏ NAN
X. Khong
Mé kong
Luang Prabang
Thanh hoa
Vinh
Xieng Mai
Pak lay
Vientian
Outaradit
Yen tao
X. Khan
Nong khay
Sannabouri
Pak hin boun
Quang Binh
Quang tri
Hué
Moulmein
Me ping
Bang mouk daban
Savannaket
Tourane
Me nam
Pak nam po
Kemmarat
Prnoun
Pak moun
Korat
Pimay
Nam moun
M. Dubon
Bassac
Khong
Ile et chute de Khône
Ayouthia
Bangkok
Sisophon
Angkor
Siem Reap
G.ᵈ Lac ou
Tonlé Sap
Khanh hoa
Lang Bian
B.ᵈ de Xuan day
B.ᵈ de
Nong cone
Nha tran
M. Petche Bouri
Battambang
Chantaboun
Kratie
Mé kong
B.ᵈ de Cam-ranh
Phan ran
Mergui
Tenasserim
Krat
Baie de Krat
CAMBODGE
Phnom Penh
Djiring
Tambinh
Phan tiet
Bang ta pan
Saïgon
Mytho
St Jacques
Pakchan
Isthme
de Kra
Kampot
Lauho
GOLFE
DE
SIAM
C. Camau
Poulo Condore
MER
DE
CHINE
COCHINCHINE
MER DE CHINE
Ile
Salanga
Isthme
de Ligor
Baie de Ligor
MALACCA
Kelantan
I. Penang
(A)
Trenganou
Singapour
SIAM
LAOS
ANNAM
Territoires siamois
non neutralisés
Chem de fer exploité
Ch de fer en construct.ᵒⁿ
Ch de fer en projet
Frontière actuelle
Frontière nouvelle
Hanoï
Luang Prabang
INDO CHINE
FRANÇAISE
Moulmein
Hué
Tavoy
Bangkok
DÉSIRABLE
Mergui
Phnom Penh
Saïgon
Pakchan
Golfe
du Siam
I. Salanga
MER DE CHINE
Ch.ᵐˢ de fer nécessaires
à la défense

LA

QUESTION DU SIAM

ET LA

DÉFENSE DE L'INDO-CHINE

PAR

A. SALAIGNAC

PARIS
LIBRAIRIE AFRICAINE ET COLONIALE
J. ANDRÉ, Éditeur
27, RUE BONAPARTE, 27

1904

LA QUESTION DU SIAM

ET

LA DÉFENSE DE L'INDO-CHINE

On ne peut plus douter de la ferme intention du Japon de jouer un grand rôle dans le monde. En 1895, il apparut soudain pourvu de toutes les armes modernes et il essaya sa force contre la vieille Chine endormie. En 1900, il se compara aux nations de race blanche, pendant la marche sur Pékin. L'année suivante, il s'allia à l'Angleterre. Le voici maintenant qui s'attaque à la plus puissante des nations d'Europe.

Toutes les questions extrême-orientales prennent un intérêt d'une gravité particulière en présence de cet élément perturbateur nouveau. Le péril jaune commence. Il n'existait pas ; les nations occidentales l'ont fait naître en propageant la connaissance non seulement des arts de la paix, mais de ceux de la guerre.

Le Japon ne vise à rien moins qu'à l'hégémonie de la race jaune entière. L'Angleterre l'y aide. Pour l'instant il n'est question que de la Corée et de la Mandchourie ; mais si les troupes du Mikado sont victorieuses, la Chine n'hésitera plus à s'orienter vers le Soleil Levant et l'on ne peut qu'être effrayé à l'idée d'un groupement asiatique d'États qui dans quelques années, entraîné et rénové par le Japon, disposerait des ressources de 350 millions d'hommes.

Les nations blanches laisseront grandir le péril par leurs rivalités. La politique de partage qui a réussi contre la race noire en Afrique, n'est pas acceptée pour l'Asie parce que l'existence de cette « entité administrative » chinoise inspire à quelques-uns des appétits monstrueux, dangereux pour tous. Elle serait pourtant la seule prudente et sage.

Dès maintenant les nations d'Europe qui ont des intérêts territoriaux en Extrême-Orient, au-delà de la presqu'île de Malacca, doivent se préoccuper de l'avenir.

La France plus que tout autre. Notre empire d'Indo-Chine est assez riche pour exciter les convoitises extérieures ; il est assez beau pour que nous tenions à les conserver. Malheureusement, il est encore bien incomplet. Sa longue façade sur la mer l'expose facilement aux attaques d'un ennemi maritime ; son immense frontière terrestre n'est protégée par aucune défense naturelle dans la vallée du Mékong. D'un côté il regarde le Japon, de l'autre le Siam et nous devons envisager la possibilité d'une entente entre ces deux nations contre nous.

La prévision de cette éventualité donne une importance considérable à la question de nos rapports avec le gouvernement de Bangkok. Jusqu'à ce jour, la France s'est trouvée dans la vallée du Ménam en présence de la seule rivalité politique de l'Angleterre ; il n'en sera peut-être plus de même après la guerre russo-japonaise.

I

LE NOUVEAU TRAITÉ (1)

Le 13 février 1904, M. Delcassé, ministre des affaires étrangères, a signé, avec Phya Suriya, ministre de Siam à Paris, un traité destiné à régler les rapports franco-siamois en Indo-Chine. Nous en reproduisons plus loin le texte complet avec celui de l'importante note française qui l'accompagne.

Cet acte se substitue à celui du 7 octobre 1902, contre lequel l'opinion publique s'était insurgée avec tant d'énergie qu'il ne fut même pas discuté par les Chambres.

Sous certains rapports, le nouveau traité améliorerait la situation, telle qu'elle existe depuis le 1er octobre 1893 ; ces avantages,

(1) Ce chapitre a paru dans la *Revue française de l'étranger et des colonies*, de mars 1903, page 129.

toutefois, sont bien moindres qu'il n'apparaît au premier abord et que la presse officieuse ne veut le faire croire.

Les articles 1, 2 et 3 sont relatifs à la détermination des frontières.

Une délimitation sera faite entre la mer et le grand lac du Cambodge. La question est en suspens depuis 1867 ; ni en 1893, ni en 1902, elle n'a pu être solutionnée. Quel sera le tracé ? Le traité est muet ; il dit seulement que « les deux gouvernements se mettront d'accord avant la nomination des commissions mixtes pour fixer les points principaux de la délimitation de cette région notamment le point où la frontière atteindra la mer (art. 3, § 3) ». La note annexe ne fournit aucun éclaircissement ; c'est seulement dans l'exposé des motifs du projet de loi soumis aux Chambres, que M. Delcassé indique qu'elle atteindra la mer « au nord de Kratt ».

La question toutefois pourra prêter à discussion. L'exposé des motifs n'est pas un contrat. On dit bien qu'il y a une lettre non publique par laquelle Phya Suriya prend l'engagement relatif à Kratt ; mais pourquoi donc un tel secret ?

Il semble d'ailleurs que la valeur de cette baie soit surfaite. Bien protégée contre les deux moussons, elle est largement ouverte au S.-O. De plus, elle est très envasée par les apports de plusieurs petites rivières ; aussi les navires de mer sont-ils obligés de mouiller loin de la côte ; on ne trouve des fonds de 6 mètres qu'à 6 milles, soit à 11 kilomètres au large du village de Kratt, à l'ouvert de la baie. Ce ne peut donc être qu'un port de cabotage pour des jonques ou de petits vapeurs, ou bien un simple abri pour de grands bâtiments (1).

Sur terre, l'avantage paraît être plus important. D'après Pavie, Kratt est un petit centre administratif et commercial, chef-lieu d'un « beau canton » ; une vingtaine de commerçants chinois y sont établis « trafiquant des produits des cultures et de ceux des forêts, au nombre desquels la gomme-gutte tient le premier rang. » Au fond et à l'est de la baie s'étend « une riche plaine cultivée en poivre et riz » (2).

Mais, tout en reconnaissant la valeur agricole du canton de Kratt, il ne faut pas oublier qu'en nous l'abandonnant, — et nous

(1) Instructions nautiques, mers de Chine, t. II, p. 326 ; cartes hydrographiques nᵒˢ 1972, 2307.
(2) Mission Pavie, *Géographie et voyages*, I, p. 154.

répétons que le traité n'en dit mot, — le Siam ne fera qu'admettre
des revendications cambodgiennes en suspens depuis 1867. De
même, à voir nombre de cartes françaises, le gouvernement de
Bangkok, a l'air de devoir nous céder une notable bande de côte,
depuis la baie de Kratt jusqu'à la pointe Samit, vers le S.-E.,
alors que dès 1869, il admettait cette région comme cambodgienne,
ainsi qu'en fait foi une carte, dressée par V.-A. Malte-Brun « pour
accompagner une Notice sur le Royaume de Siam par M. A.
Gréhan, consul général de S. M. le roi de Siam à Paris » (1). Nous
recouvrons donc simplement ce qui appartient légitimement
au domaine de notre protégé Norodom.

Dans la région au N.-E. du Tonlé-Sap, le nouveau traité reproduit exactement les dispositions de l'article 1ᵉʳ de 1902. Nous
obtenons donc les avantages déjà connus : 1° sur le lac, 30 kilomètres de berge fréquentés par les pêcheurs cambodgiens, depuis
l'embouchure de la rivière de Kompong-tiam jusqu'à celle de
Roluos ; 2° les provinces de Melou-prey et de Bassac, avec leurs
25.000 kilomètres carrés, et 230 kilomètres de rive du Mékong. La
frontière atteindra, semble-t-il, le grand fleuve un peu en amont
de Bassac, par 15° de latitude.

La valeur de ces concessions du roi de Siam a été, dès les discussions de l'an dernier, ramenée à ses justes proportions. La
province de Melou-prey est pauvre ; celle de Bassac est à peine
plus riche. Toutes deux, séparées par la chaîne des monts Dang-
rek, du bassin du Moun, sont isolées du reste du Siam et inévita-
blement, même sous l'autorité siamoise, influencées par l'attraction
de Pnom-Penh et de Saïgon. De plus, comme il s'agit encore de
territoires cambodgiens, il n'y a pas lieu d'admirer outre mesure
la résignation de S. M. Chulalongkorn.

Plus importante assurément est la conséquence de la renonciation du roi à sa suzeraineté sur tous les territoires du royaume de
Luang-Prabang (2). Le nouveau traité est net à ce point de vue ;
celui de 1902 était ambigu, précisant les limites de cet État sur la
rive droite du Mékong et cependant reconnaissant les « rapports

(1) Challamel, éditeur.

(2) Deux cantons appartenant au roi de Luang-Prabang resteront cependant
aux mains des Siamois, ceux de Muong Poun et de Houé Phay qui sont situés
aux sources de deux affluents du Ménam. (V. mission Pavie, atlas, p. 35 et
pl. VI). L'exposé des motifs du projet de loi dit que la frontière suivra la ligne
de partage des eaux entre Mékong et Ménam. La convention de 1896 avec
l'Angleterre nous empêcherait de faire passer ces territoires sous notre protectorat.

traditionnels » entre le roi de Siam et « la partie du Luang-Prabang située sur la rive droite du Mékong ». Cette première rédaction était destinée à « sauver la face ». Chulalongkorn ne nous fait aujourd'hui qu'un sacrifice d'amour-propre. En réalité, depuis qu'en 1893 nous sommes devenus les maîtres du Luang-Prabang, rive gauche, la suzeraineté siamoise n'a plus été qu'une illusion sur la rive opposée. Désormais, le cours du Mékong sera, dans cette haute région, français des deux bords sur un parcours d'environ 400 kilomètres. Toutefois, une situation de fait nous aurait suffi, personne ne pouvant de longtemps venir ici contrecarrer notre action. A vouloir prendre en mains les revendications des rois nos protégés, il eût mieux valu agir au profit de Norodom et lui faire rendre définitivement ses provinces de Siem-Réap, de Battambang et de Sysophon.

Le traité du 14 février 1904 marche vers ce but, mais d'un pas boîteux. Dans ces trois provinces déjà, depuis 1893, le gouvernement siamois ne pouvait conserver aucun poste fortifié, ni entretenir aucune force armée régulière ou irrégulière, clauses d'ailleurs inexécutées ou sournoisement violées ; il n'avait la faculté d'y maintenir que les contingents de police strictement nécessaires. Ces restrictions du pouvoir souverain se trouvent confirmées ; mais, en outre, désormais les contingents de police devront être recrutés sur place et seront même instruits et commandés par des « officiers choisis dans l'armée française ».

Toutefois, il importe de le remarquer, cette dernière disposition fort importante en soi, surtout au point de vue de l'effet moral sur les populations et les mandarins, n'est pas écrite dans le traité mais seulement dans la note annexe et dans l'exposé des motifs du projet de loi, actes qui, en droit, sont unilatéraux. Il faut aussi noter le silence du traité sur la désignation des autorités chargées du recrutement de cette police. Du chef de cette omission, on doit déduire que les mandarins siamois resteront compétents. Or, il y a, dans les trois provinces, un assez grand nombre de Siamois indigènes, c'est-à-dire nés dans la région, pour que le contingent soit exclusivement composé de leurs recrues et qu'ainsi nos officiers se trouvent en présence d'éléments réfractaires à l'influence française.

Des restrictions d'ordre militaire atteindront également les autres parties siamoises du bassin du Mékong. Les troupes qui y seront envoyées ou entretenues devront être de « *nationalité siamoise* ».

Cette expression est peut-être compromettante. Nous croyons

bien apercevoir l'idée de M. Delcassé, qui est sans doute d'écarter du Mékong les mercenaires étrangers ; mais Phya Suriya ne fait peut-être pas la même interprétation. Il eut été prudent de préciser qu'on entendait n'admettre dans la vallée du Mékong que des soldats « indigènes du Siam tel que délimité par le traité », car un statut national peut être conféré à des étrangers.

Ces troupes seront toujours « commandées par des officiers de cette *nationalité* ». Le même vice de rédaction se trouve ici reproduit. Une exception n'est faite qu'en faveur des officiers danois, placés à la tête de la gendarmerie siamoise, exception étrange, quels que soient les égards dus à l'origine française d'une princesse de la famille royale de Danemark, si on se rappelle qu'en 1893, les officiers danois, l'amiral de Richelieu en tête, ont tiré le canon sur nos navires forçant la barre du Ménam. Il est vrai que dans le cas où le gouvernement siamois voudrait leur substituer des officiers d'une autre nationalité étrangère, « il devrait s'entendre, au préalable, avec le gouvernement français » ; mais il est non moins vrai que S. M. Chulalongkorn n'aura pas un seul instant le désir de cette substitution.

D'autres faveurs nous sont faites visant à mettre en nos mains le développement économique de tous les pays du Mékong. L'article 7, copie de l'article 4 du malheureux traité de 1902, parle de ports, canaux et chemins de fer au sujet desquels le gouvernement siamois devra se mettre « d'accord avec le gouvernement français dans le cas où ces travaux ne pourraient être exécutés exclusivement par un personnel et avec des capitaux siamois » (construction et exploitation).

Dès 1902, les coloniaux n'ont pas manqué de montrer l'inanité d'une telle clause. Le personnel, les Siamois le trouveront toujours dussent-ils accorder la naturalisation siamoise à des étrangers ; le texte ne dit pas qu'il s'agisse d'ingénieurs et de mécaniciens de *race* siamoise. La diplomatie ne s'est pas encore habituée à serrer de près les problèmes autres que ceux entre *nations*.

Quant aux capitaux, quoi de plus simple que de donner à la France pleine et entière satisfaction : tous les capitaux siamois seront consacrés à la zone du Mékong ; mais pour le bassin du Ménam, l'Etat ou les princes concessionnaires de travaux publics emprunteront largement à l'étranger, s'il le faut !

Encore doit-on remarquer que ce mouvement reste subordonné au bon plaisir du Siam : « le gouvernement royal, *s'il désire* exécuter des ports, canaux, chemins de fer.., » — et que, par suite, S. M. Chulalongkorn gardera le droit de ne pas désirer.

M. Delcassé a, il est vrai, écouté quelque peu les protestations du parti colonial et le nouveau traité ajoute aux dispositions vagues de 1902 des perspectives un peu plus engageantes. On nous promet une voie ferrée de Pnom-Penh à Battambang, l'amélioration du cours de la rivière de Battambang et de celle du Moun, et des tronçons de chemins de fer, le long des rapides du Mékong, tout cela sous la direction d'ingénieurs français.

Mais qui ne voit la distance de la coupe aux lèvres ? la place pour l'intrusion de la duplicité siamoise, en présence de la rédaction des articles 8 et 9 du nouveau traité ?

Au lieu de donner la concession ferme du chemin de fer de Pnom-Penh à Battambang et même jusqu'à Bangkok à une compagnie française, ce qui amènerait au bord du Ménam un personnel et des matériaux français, le texte prépare d'interminables négociations : la France voudra une compagnie franco-siamoise, le Siam préférera une œuvre gouvernementale. Mais dès que nous nous rallierons aux préférences de Bangkok, le roi changera d'avis et, pendant des mois, les diplomates — le Siam en a de sa race, qui sont avisés et tenaces — se poursuivront de lettres et de notes verbales. Puis quand enfin, on se sera mis d'accord, il restera des deux côtés à « faciliter l'établissement de la voie » ; or, il est aisé de présumer la différence qui se manifestera entre les facilités accordées par l'Indo-Chine française qui veut cette ligne, et par l'autorité siamoise qui certainement, dans son for intérieur, n'en veut pas.

Le même flottement se retrouve dans le traité aussi bien pour les tronçons de chemins de fer du Mékong, que pour l'amélioration du cours des rivières de Battambang et du Moun. Les parties contractantes reconnaissent la nécessité de tels travaux ; mais de là il ne résulte pour nous aucun droit. Les gouvernements devront, d'après le traité, s'entendre, se mettre d'accord. Depuis 1867, les gouvernements ont dû s'accorder, pour fixer les limites entre le Siam et le Cambodge, et ils n'y sont jamais parvenus !

Quant à l'emploi d'un personnel français, il n'est prévu dans le traité que pour les travaux sur la rivière de Battambang ; encore n'y a-t-il pas obligation. Pour les chemins de fer et le Moun, seule la note annexe en parle ; et paraît-il une lettre de Phya Suriya, qui, pour des raisons inconnues, reste cachée.

De la grande Chine, la France, imitant d'autres puissances, a su obtenir des concessions précises de travaux publics ; du petit Siam elle se contente d'engagements incertains.

Mais, dira-t-on, le nouveau traité, améliorant les dispositions de celui de 1902, nous fait prendre pied d'une manière positive sur la rive droite du Mékong en sept points qui sont énumérés. Ceci est certes un avantage ; mais, de même d'ailleurs que l'octroi des voies ferrées pour suppléer aux rapides du Mékong, ce n'est pas en 1904 que nous l'obtenons ; il découle du traité de 1893 qui, en son article 6, disait : « Le développement de la navigation du Mékong pouvant rendre nécessaires sur la rive droite certains travaux, ou l'établissement de relais de batellerie et de dépôts de bois et de charbon, le gouvernement siamois] s'engage à donner, sur la demande du gouvernement français, toutes les facilités nécessaires à cet effet ». Ces concessions nous étaient dues sans qu'il fût nécessaire de rien donner en échange. Il y a place, au surplus, pour beaucoup de discussions quant à leur superficie et à leur régime administratif, civil et criminel, vu le statut de territoire siamois qui dérive pour elles de l'article 1er du traité de 1893 confirmé par l'article 1er de la nouvelle convention.

Ce sont là tous les avantages que la France ait à retirer du résultat des longues négociations entre M. Delcassé et Phya Suriya. Nous avons essayé de montrer leur vraie valeur, soit que ceux-ci proviennent d'un traité antérieur, soit que ceux-là consistent en la reconnaissance d'un fait accompli ou d'une faible partie des revendications cambodgiennes, soit que d'autres ne s'inscrivent qu'en termes permettant tous les arguments dilatoires ou n'apparaissent que dans des actes latéraux au pied desquels ne figure point la signature du plénipotentiaire siamois, ou qui restent dissimulés.

Cette absence de netteté, en ce qui concerne nos intérêts nous semble particulièrement alarmante à notre époque d'arbitrages. La France, protagoniste de la convention de la Haye, ne pourra pas refuser de soumettre au Tribunal de la Paix les nombreuses contestations que le Siam pourra faire surgir ; alors les juges apprécieront les actes intervenus et il n'y aura de valables que les engagements nets et pouvant être prouvés.

En retour, nous faisons au Siam de précieuses concessions.

Je laisse de côté l'abandon du régime spécial qui était imposé à la zone de 25 kilomètres tout le long de la rive droite du Mékong. Cette bande de terrain où le Siam ne pouvait entretenir « aucune force régulière ou irrégulière », n'était, par intentionnelle malice,

pourvue que des contingents policiers très « strictement nécessaires » qu'autorisait l'art. 4 de 1893. Et ceci montre l'habileté
siamoise à tirer parti d'un texte. De la sorte, cette zone neutre
était un repaire de malandrins qui, après avoir excursionné chez
nos Laotiens de la rive gauche, n'avaient qu'à traverser le fleuve
pour se trouver à l'abri de nos poursuites et sous la protection de
l'impuissance siamoise basée sur cet article 4.

Il nous suffit que les articles 1, 2 et 3 du traité du 1er octobre
1893 soient maintenus en vigueur, n'étant contraires à aucune des
dispositions du nouvel accord. Les îles du grand fleuve restent
françaises, et comme devant, le Siam s'interdit d'entretenir ou de
faire circuler des bâtiments armés sur le Mékong et de construire
aucun poste fortifié à proximité de son cours.

Autrement graves sont les articles 10 à 13 relatifs aux protégés
français. Certes le nouveau texte est préférable à celui de 1902 qui
constituait le plus aveugle abandon des intérêts français. Une répro-
bation unanime a conduit le ministre des affaires étrangères à
réduire les concessions faites au Siam ; celles-ci sont encore trop
considérables.

Les articles sont longs et compliqués. En résumé, ils disent ceci :
la protection française, avec la juridiction, est maintenue pour les
protégés actuels ; mais elle cessera dès la première génération et
ne se maintiendra jusqu'à la seconde que pour les descendants
de ceux nés sous pavillon français ; elle ne sera étendue que dans
les limites acceptées par le Siam pour toute autre puissance.

En conséquence, d'ici à une vingtaine d'années, nous verrons
disparaître le plus grand nombre de nos protégés, sans compter
que, dès aujourd'hui, il y en aura parmi eux, surtout parmi les
riches, qui, dans l'intérêt de leurs enfants et pour écarter la vin-
dicte siamoise, renonceront à se réclamer de la France, — sans
compter aussi qu'un passage de l'article 10, « à l'exception des
individus dont il serait reconnu de part et d'autre que l'inscription
a été indûment obtenue », laisse place à toutes les condescen-
dances de nature à témoigner au gouvernement de Bangkok de
notre imperturbable confiance en sa bonne foi. Nous perdrons
ainsi en un petit nombre d'années le plus puissant levier dont nous
disposions pour agir sur les affaires siamoises. Vingt années, cela
paraît long à beaucoup, mais la politique d'une nation ne se
mesure pas à la vie d'un homme.

Enfin nous devrons évacuer Chantaboun. Aux yeux de la
population, après onze années d'occupation, la France certaine-

ment aura l'air de reculer et elle en sera moralement diminuée. Là cependant ne gît pas toute la gravité du départ de nos troupes.

Chantaboun évacué, il ne restera plus, de la frontière française du Cambodge à la zone siamoise neutralisée entre la France et l'Angleterre par la convention du 15 janvier 1896, qu'une petite étendue de côte avec l'estuaire de la rivière de Chantaboun. Or cette région nous apparaît comme tout à fait favorable pour permettre l'interposition d'une rivalité étrangère.

Le Siam, tout en n'étant pas partie à l'accord de 1896, n'ignore pas cet instrument diplomatique. Il sait que, jusqu'à certaines limites, l'Angleterre a renoncé à entraver notre expansion. Mais maintenant le rapprochement franco-anglais lui fait craindre pour la vallée même du Ménam ; d'ailleurs, même avant cet événement, il n'a pas manqué de chercher d'autres appuis, surtout au Japon. Or, rien ne mettrait mieux le holà à notre marche qu'une concession de terrain à Chantaboun, faite au Mikado. A Chantaboun, cela ne gênerait pas l'Angleterre ; d'un autre côté, hors de la zone neutralisée, nous ne pourrions pas invoquer l'article 2 de la convention de 1896 et demander à nos amis d'Outre-Manche leur aide pour évincer l'intrus. Dès lors nous nous trouverions en présence d'un danger redoutable, soit immédiat en cas d'opposition, soit prochain si nous laissions le Japon garnir en paix sa concession de coolies déguisés en soldats.

La porte laissée ouverte aux intrigues étrangères, à celles notamment des Japonais, est le plus grave reproche qu'on puisse faire au nouveau traité. Les Japonais s'infiltreront partout malgré les articles de la convention. Ils seront ingénieurs, chefs de gare, mécaniciens, bonzes, soldats ou coolies, de même qu'avant même la déclaration de guerre à la Russie, ils étaient nombreux en armes à Séoul, sous des déguisements. Personne n'y verra rien ; pour distinguer d'un Siamois un Japonais qui aura les cheveux coupés en brosse et sera revêtu d'un *sampot*, il faudrait être professeur au muséum. A tout le moins faudrait-il être très expert dans la connaissance des mœurs et des langues indigènes, ce qui n'est peut-être pas le cas de certains consuls, candidats malheureux à la députation, nommés à des postes de première importance dans la vallée du Mékong.

Et d'autre part cette convention ne nous assure presque aucun avantage dans la vallée du Ménam. Le gouvernement siamois a bien pris l'engagement, dit M. Delcassé, dans son exposé des motifs, d'adjoindre « un conseiller français aux plus hauts fonctionnaires de son ministère de la justice ». Mais où est donc la signature du plénipotentiaire qui nous garantisse contre l'inexécution de cet engagement ? Et c'est d'ailleurs tout. Les Anglais restent à Bangkok avec 1.500 Sikhs de police sans que nous songions à exiger qu'en face soient admis 1.500 Annamites, ce à quoi l'Angleterre ne pourrait s'opposer vu l'article 1er de la convention de 1896. La diplomatie française, à Paris, est imbue de cette idée que « dans la vallée du Ménam, la France ne peut plus être qu'un concurrent économique et politique *parmi beaucoup d'autres* » (1), et plutôt que de faire effort pour conserver à tout le moins ou acquérir le partage d'influence que la convention de 1896 semble vouloir nous réserver avec l'Angleterre, elle abandonne des protections précieuses et se résigne à notre quasi-exclusion de la vallée du Ménam, sans voir qu'elle y compromet l'avenir même de notre empire reconstitué d'Asie.

Les agissements du Siam aussitôt après la signature du traité de 1902 n'ont pas ouvert les yeux de M. Delcassé sur la duplicité du gouvernement de Bangkok. Phya Suriya joue encore de l'espoir « d'un rapprochement sincère entre les deux parties contractantes », ainsi qu'il s'en est ouvert à un rédacteur du *Temps* (16 février 1904). Hélas ! Nous n'en pouvons rien croire.

Le traité de 1902 ne nous a pas valu la confiance de S. M. Chulalongkorn. Celui de 1904 le pourra moins encore ; car mieux que le précédent il laisse apercevoir l'intention de la France d'empiéter sur les territoires siamois. Mais outre qu'il impose à l'amour-propre du roi une humiliation en même temps qu'il constitue une hypothèque sur une partie de son domaine, il montre la limitation de nos visées ; il sanctionne même leur recul sur les bords du Ménam et à Chantaboun. Il n'est pas fait pour inspirer l'amitié, mais un désir de secouer le joug et l'espoir d'y réussir grâce à des concours étrangers.

Il fallait tout ou rien. Pour espérer conquérir l'amitié siamoise, il eût été nécessaire de témoigner de la nôtre avec désintéressement en renonçant à tous les droits qui dérivent du traité de 1893 et en évacuant Chantaboun sans condition. Mais M. Delcassé lui-même n'a pas osé jouer un jeu si hasardeux. Dès lors la politique du « rapprochement sincère » était impossible. Tout traité laisse fatalement percer nos ambitions et celui de 1904, plus que celui de 1902.

(1) *Temps*, 15 février 1904.

L'Indo-Chine française doit fatalement marcher vers le Ménam et la mer des Indes, de même qu'elle doit monter au Yunnan ainsi que l'exposait récemment avec force M. Gervais-Courtellemont, dans une conférence du Comité de l'Asie française. On le comprend à Bangkok de même qu'on y voit que, pour l'Angleterre, le Siam n'est pas une pièce indispensable sur l'échiquier du monde. Aussi la France est-elle l'ennemie qu'aucun déguisement ne parviendra à travestir en amie aux yeux du roi, de la cour et des mandarins intéressés au maintien de la domination siamoise. Mais comme après tout cette ennemie, pour timorée qu'elle soit, est forte, le Siam pour l'arrêter n'hésitera pas à faire appel à un appui extérieur que le Japon ne lui refusera pas.

Nous avons pensons-nous, quelques années de répit. La guerre actuelle restera localisée et les Japonais seront à la longue, battus par les Russes. Après quelques années de recueillement pour refaire ses finances, l'Empire du Soleil Levant cherchera une compensation et, de son chef, un conflit à propos du Siam, reste aussi inéluctable que l'était celui à propos de la Corée.

II

LA DÉFENSE DE L'INDO-CHINE (1).

Dès maintenant il faut envisager les conséquences d'une influence japonaise dans nos rapports avec le gouvernement de Bangkok ; aussi pensons-nous que la solution de la question du Siam dans un sens complètement français, intéresse la situation de la France en Indo-Chine bien plus vis-à-vis de l'Empire du Soleil-Levant dont la jeunesse rénovée apparaît très remuante, que vis-à-vis de l'Angleterre seule jusqu'à ce jour politiquement face à face avec nous sur les bords du Ménam.

Le conflit qui a si brusquement surgi entre la Russie et le Japon doit nous servir de salutaire avertissement. Certes, seules en ce moment, ces deux nations se disputent. Mais, abstraction faite des éventualités, improbables, semble-t-il, qui pourraient faire sortir de dangereuses complications, des traités intervenus respectivement entre chacune de ces puissances et son alliée, il pourra

(1) Ce chapitre a paru en partie dans la *Revue française de l'étranger et des colonies* de février 1903, p. 55.

bien arriver qu'une querelle analogue naisse en tête-à-tête entre la France et le Japon.

Il nous semble même que, si le Japon vient à être complètement évincé de la Corée, le danger sera grave : l'amour-propre national des petits mais nombreux et intelligents Nippons réclamera une satisfaction, et, de plus, il faudra chercher ailleurs un déversoir pour la population grandissante. Les yeux se tourneront alors vers les points de moindre résistance, vers le Siam, vers la vallée peu peuplée du Mékong et mieux encore vers les hautes terres à climat tempéré, à population clairsemée, de l'intérieur de la Chine auxquelles on n'accède facilement qu'à travers le Tonkin. Dès lors, la France sera l'obstacle, et le choc menacera de se produire aussitôt qu'auront été remises en état les finances, la flotte et l'armée japonaises.

En pareille occurrence, quelle sera notre situation ? Nous devrons accepter la lutte dans la seule région où le Japon lui-même puisse agir, c'est-à-dire en Extrême-Orient, très loin de chez nous, très près du pays rival, et, tandis que le sol métropolitain restera tout à fait à l'abri de l'atteinte japonaise, l'Indo-Chine française sera directement exposée aux attaques de l'ennemi.

Contre l'Indo-Chine, le Japon pourra accumuler toutes les ressources navales et militaires d'une nation de plus de 40 millions d'habitants, tandis que la France pourra lui opposer sur mer et sur terre seulement ce que sa situation en Europe lui aura permis de détacher en Extrême-Orient, ainsi que les forces qu'elle aura pu créer dans le pays même. Le Japon agira avec les mêmes facilités dont nous jouissons pour opérer dans le bassin oriental de la Méditerranée, à proximité de Toulon et de Bizerte ; la France, au contraire, aura le désavantage d'une route maritime beaucoup plus longue et de la nécessité de franchir les étroits passages de Malacca ou de la Sonde, sans compter ceux de Suez et de Bab-el-Mandeb.

Or, dès aujourd'hui, la flotte mikadonale réunit contre la Russie :

Cuirassés de 14.000 tonnes	4
— de 12.000 à 14.000 t.	2
Croiseurs cuirassés	6
— protégés	13
— torpilleurs	2
Contre-torpilleurs	15
Torpilleurs (1)	38

(1) Valentino, *Aide-Mémoire* de l'officier de marine, pour 1903.

sans compter les récents achats faits à l'occasion du conflit à propos de la Corée.

Ces forces sont d'autant plus redoutables que toutes les unités en sont modernes, dotées par suite de tous les perfectionnements. Notons spécialement les 4 cuirassés de plus de 14.000 tonnes, lancés de 1898 à 1900 ; la France, même dans ses escadres métropolitaines, n'a encore qu'un seul navire de ce tonnage en achèvement à flot.

Ces puissants moyens d'attaque sont en ce moment dirigés contre la Russie, avec toute la *furia* que les journaux nous disent : mais en somme ils auraient pu être tournés contre la France. Or en face d'eux, l'escadre française de l'Extrême-Orient apparaît aussitôt écrasée par le nombre et la puissance, même si on la suppose renforcée des unités ayant une valeur militaire, des divisions navales de l'Océan Indien et du Pacifique.

Pendant l'année 1903, nous n'avons eu dans les mers de Chine que 4 croiseurs armés : le *Montcalm*, le *Châteaurenault*, le *Pascal* et le *Bugeaud*. Le budget en prévoyait six ; mais le ministre de la marine avait jugé que le nombre en pouvait être diminué. Il a fallu la pression des événements et de l'opinion publique pour décider l'envoi en Extrême-Orient d'abord du *Gueydon*, ensuite du *Sully*. En supplément à cette composition normale, le département de la marine expédie maintenant le *d'Assas* avec les contre-torpilleurs *Javeline*, *Pistolet*, *Fronde*, et *Mousquet*.

Supposons tous ces navires arrivés à destination ; ajoutons-y l'*Infernet* de la division de la mer des Indes et le *Protet* de la division du Pacifique : puis, avec les cuirassés en réserve à Saïgon, *Redoutable* et *Vauban*, les canonnières cuirassées *Styx* et *Achéron* et les torpilleurs, nous avons le tableau suivant des forces navales françaises qui auraient pu se grouper autour de l'Indo-Chine :

Cuirassés de 8.000 à 10.000 tonnes	1
— de 6.000 à 8.000 —	1
Croiseurs cuirassés	3
— protégés	6
— torpilleurs	»
Contre-torpilleurs	5
Torpilleurs	7
Canonnières cuirassées	2

La faiblesse d'une telle force navale comparée aux escadres japonaises, est manifeste, surtout si l'on tient compte de ce que le *Redoutable*, lancé en 1876, refondu en 1894, ne donne que 15 nœuds et ne pourrait refuser le combat à aucun des 6 cuirassés japonais qui filent à 18 ou 19 nœuds ; — et de ce que le *Vauban*, à flot depuis 1883, serait avec ses 14 nœuds, une proie si facile pour l'ennemi qu'il lui serait impossible de prendre la mer.

Il est vrai que de nouvelles unités auraient pu être envoyées de la métropole. Quelques-unes seraient parvenues à destination pendant la durée des négociations préliminaires. Mais l'écart fût resté considérable ; car le Japon n'eût pas manqué d'agir comme il l'a fait, vis-à-vis de la Russie : il eût précipité les événements, afin de ne pas perdre précisément cet immense avantage qui résulte pour lui de la proximité des lieux d'opération et des dispositions géographiques. Notamment il n'aurait pas donné le temps de transporter des sous-marins en Indo-Chine.

Avec ses 6 cuirassés à vitesses homogènes (3 à 18 n. et 3 à 19 n.), avec ses 6 croiseurs cuirassés dont un seul ne file que 20 nœuds, dont 3 en donnent 21 et les 2 autres 22, la marine japonaise se fût vite rendue maîtresse de la mer, soit qu'elle eût détruit nos bâtiments, soit que ceux-ci se fussent enfermés à Quang-tcheou ou à Saïgon. Elle se serait saisie de l'une des grandes baies du Sud de l'Annam, Xuan-day, Hone-Cohe ou Cam-ranh, isolées par les montagnes qui les entourent ; elle aurait aussi occupé et fortifié Poulo-Condor, pour, de ces points comme bases, empêcher toute communication par mer entre la Cochinchine et le Tonkin, bloquer la rivière de Saïgon et surveiller surtout la sortie des détroits de Malacca et de la Sonde vers les mers de Chine, de telle sorte que de France, aucuns renforts ne seraient parvenus en Indo-Chine. Ne vient-on pas de voir la Russie rappeler en Europe tous les navires qui étaient en route pour compléter son escadre d'Extrême-Orient et qui eussent été rencontrés par des forces supérieures et coulés sans atteindre Port-Arthur ou Wladivostock ?

La marine française est, il est vrai, très supérieure à celle de la Russie ; mais notre situation en Europe a de telles exigences que nous n'aurions pu détacher en Extrême-Orient nos plus fortes unités de combat celles qui eussent été assez puissantes pour forcer le passage des détroits et disputer aux cuirassés japonais la suprématie maritime.

Maître de la mer, le Japon aurait alors pu tenter un débarquement. Il a, pour cela, les soldats et les moyens de transport. Or, dans ses plans de mobilisation, l'Indo-Chine française n'est point oubliée, et dès maintenant, alors qu'en France, à l'exception de quelques isolés, personne ne songeait à la possibilité d'une guerre contre ces Nippons qui sont à tant de points de vue les élèves de la France, eux, ils avaient toujours prêt un corps expéditionnaire de 50.000 hommes pour l'un ou l'autre de ces objectifs : Chine, Corée, *Tonkin* (1) !

Lors de la guerre contre la Chine, ils ont débarqué en Corée 75.000 hommes. Les navires de la compagnie privée de navigation Nippon Iocène Kaïcha ont effectué l'opération. Depuis cette époque, la flotte marchande a notablement augmenté ; l'organisation militaire s'est étendue et perfectionnée. Il n'est pas douteux qu'aujourd'hui le Japon disposera contre la Russie de troupes beaucoup plus nombreuses et qu'il eût disposé sans peine, contre l'Indo-Chine, de *100.000 hommes* avec les moyens de transport nécessaires.

Certes l'opération serait restée délicate, si tous les croiseurs français n'avaient pas été détruits, si quelques uns d'entre eux sortant de Quang-tchéou, avaient pu surprendre des convois. Cependant vu l'insuffisance des fortifications de ce poste avancé, vu l'absence de toute défense côtière au Tonkin et en Annam, vu la situation excentrique de Saïgon qui n'est d'ailleurs pas encore imprenable et qui est facile à bloquer, elle aurait pu être tentée avec succès grâce à la grande supériorité navale des Japonais.

Pour se défendre sur terre, l'Indo-Chine aurait disposé des forces suivantes :

	Officiers	Troupes européennes	Troupes indigènes	Total
États-majors.	48	139	»	187
Artillerie.	130	1.349	1.187	2.666
Génie.	7	59	104	170
Infanterie coloniale.	166	6.289	»	6.463
Légion étrangère.	49	1.851	»	1 900
Infanterie indigène.	294	1.046	13.348	14.688
Cavalerie indigène.	5	19	172	196
Compagnie, de discipline.	3	185	»	188
	702	10.915	14.811	26.458 (2)

A cet effectif de troupes actives qui était, sauf les incomplets,

(1) *Marine Japonaise*, par O'Cabé, Bull. du Comité de l'Asie fr., sept. 1903.
(2) D'après le budget voté du ministère des colonies pour 1903.

présent sous les drapeaux au 31 décembre 1903 seraient venus
s'ajouter les réserves indigènes.

Elles existent, mais sur le papier seulement, depuis 1888. En
1899, M. Doumer les a réorganisées. Mais qu'auraient-elles donné ?
60.000 hommes espérait-on (1). On serait ainsi arrivé en mettant
les choses au mieux, à un total d'environ *86.000* hommes à opposer
au corps de débarquement japonais.

Mais qui ne voit tout d'abord la disproportion qu'il y aurait eu
dans une telle armée entre l'élément métropolitain et l'élément
indigène. Normalement, le premier est égal environ aux 2/3 du
second ; il n'en aurait plus été que le 1/7. On doit par suite, avoir
quelques craintes pour l'homogénéité et la solidité morale de la
défense. Certes la valeur de nos petits tirailleurs ne peut être
méconnue ; on connaît leur bravoure au feu, leur endurance, leur
dévouement à leurs chefs et ils savent à quel point ils sont payés
de retour par leurs officiers.

Peut-on prévoir cependant l'effet que produirait sur cette masse
la nouvelle d'échecs français sur mer et de la supériorité navale
japonaise ? Le souffle patriotique ne serait pas là pour les soutenir ;
insuffisamment flanqués de troupes blanches, ils en viendraient
à se croire abandonnés face à face avec un nouvel envahisseur
plus fort que les Français et, comme sans doute tous les ennemis
intérieurs de notre domination ne manqueraient pas de se mettre
à l'œuvre, l'hésitation, le doute, la crainte de l'avenir naîtraient
et peut-être pire. Qui sait, d'ailleurs, si la venue de ces hommes
jaunes, habilement exploitée, n'éveillerait pas un vague sentiment
de race ? Les Indo-Chinois, dit-on, nous sont définitivement acquis ;
nous le souhaitons ardemment ; nous pensons cependant que, pour
la masse, notre domination est seulement subie et qu'il faudra
encore de longues années d'administration équitable et de développement économique pour rattacher par l'intérêt, par l'esprit et par
le cœur, les Tonkinois, Annamites, Cochinchinois, Cambodgiens
et Laotiens à la civilisation de la France et à son drapeau.

Il faut d'autre part, tenir compte de ce que nos forces militaires
sont divisées en deux groupes principaux, stationnés l'un, pour 1/3
environ, en Cochinchine, l'autre représentant les 2/3, au Tonkin,
sans qu'entre eux il puisse y avoir actuellement des communica-
tions par voie de terre. Si donc les Japonais étaient devenus
maîtres de la mer, chaque groupe se serait trouvé seul en face de

(1) *Quinzaine coloniale*, 25 déc. 1899.

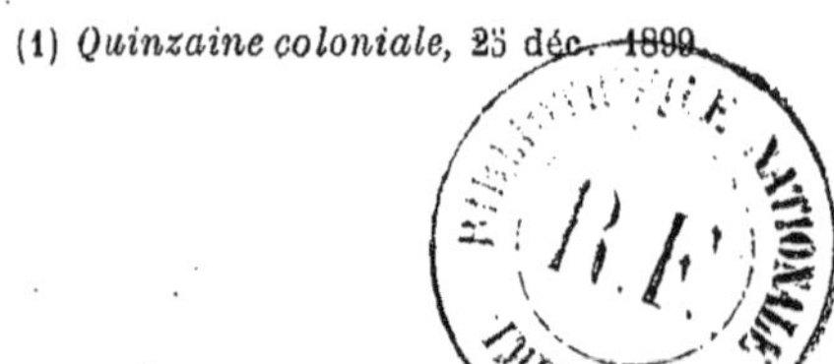

la totalité du corps ennemi libre de faire irruption sur tel point de la côte qu'il eut choisi.

On aurait eu aussi à envisager la renaissance de la piraterie sur la frontière de Chine et des incursions siamoises du côté du Cambodge et du Mékong. Les gouvernements de Pékin et de Bangkok auraient pu y rester officiellement étrangers, nos alliés, nos amis, l'opinion publique du monde leur imposant une neutralité officielle afin de circonscrire la lutte entre les deux belligérants et d'empêcher l'incendie de s'étendre. Il n'y en aurait pas moins eu, ici et là, des bandes de partisans plus ou moins encouragées en sous-main, pour harceler l'arrière de nos troupes et obliger à en distraire une partie sur l'immense frontière terrestre, afin de les tenir en respect et, par là de maintenir dans le calme les millions de nos sujets aux yeux desquels la France doit rester intangible.

Il aurait même pu arriver que le Japon envahît le Siam et en escamotât le gouvernement, comme il le fait actuellement en Corée. On doit même supposer qu'il existait quelque plan nippon-siamois de ce genre, puisque déjà de nombreux officiers japonais ont été signalés à la tête des troupes de S. M. Chulalongkorn, de même qu'avant l'ouverture des hostilités entre la Russie et le Japon nombre de soldats du mikado étaient cachés sous des travestissements en Corée.

Dès lors envahie de tous les côtés à la fois, partagée en deux tronçons, *ne recevant aucun renfort de la métropole, par suite des croisières japonaises aux débouquements de Singapore et de la Sonde,* l'Indo-Chine aurait succombé fatalement après une résistance plus ou moins longue.

A ce moment, la France ne pouvant pas plus attaquer le Japon chez lui que le Japon ne pourrait venir l'attaquer chez elle, la France n'aurait pu que se résigner au fait accompli.

Tel est le sort qui nous fût échu si le Japon, aspirant à dominer tous les peuples jaunes, avait porté ses premiers coups sur l'Indo-Chine française. Nos alliés russes par leur présence plus proche, par leur empiètement sur des traditions nationales nipponnes, ont les premiers attiré l'orage. Eux du moins, ils pourront envoyer peu à peu en Mandchourie tous les renforts nécessaires. Les Japonais sont maîtres de la mer ; ils ont agi par surprise avant que les Russes eussent compris l'imminence du danger ; ils empêchent l'arrivée de tous nouveaux navires de guerre.

Mais ils ne peuvent rien ou presque rien contre ce long ruban de fer qui du centre de la Russie déverse aux confins de l'Asie chaque jour avec lenteur, mais avec régularité les hommes, les chevaux, les armes, les munitions et les vivres.

C'est par cet outil que la Russie vaincra le Japon. C'est un outil capable de faire un travail analogue, qui nous manque le plus pour assurer la défense de notre Indo-Chine, aujourd'hui si faible en face de l'éventualité d'un ennemi de race jaune, maître de la mer.

Cette situation exige des mesures énergiques. Quelque improbable qu'apparaisse une crise immédiate, il faut de toute urgence et à tout hasard renforcer dans la mesure du possible le système défensif de notre empire d'Extrême-Orient.

Les deux décrets du 19 septembre 1903 portant réorganisation de l'infanterie et de l'artillerie coloniales, sont entrés dans cette voie ; par une nouvelle répartition des troupes dans nos nouvelles possessions, l'effectif métropolitain attribué à l'Indo-Chine, se trouve porté à environ 15.000 hommes, ce qui permettra en respectant la proportion habituelle, de garder sous les drapeaux 45.000 indigènes. Les mesures d'exécution n'avaient d'ailleurs pas encore été prises et il a fallu les événements de Corée pour faire décider l'envoi de 3.000 hommes de renfort. Est-ce suffisant ? Nous ne le pensons pas, vu la division forcée de notre corps d'occupation en deux groupes, l'un au Tonkin, l'autre en Cochinchine, destinés à soutenir séparément le choc de toute l'armée ennemie.

On parle d'armer quelques croiseurs de plus. Il serait certes difficile de le faire avec rapidité dans l'état de désorganisation actuelle de notre marine. On peut même se demander si ce serait utile. Prétendre disputer au Japon la suprématie maritime, il n'en peut être question ; cela supposerait l'envoi d'au moins 6 cuirassés de premier rang ; ce serait toute l'escadre active de la Méditerranée. La sécurité métropolitaine ne le permettrait pas. Il faudrait d'abord que fussent apaisées les querelles continentales, qu'existassent les Etats-Unis d'Europe ou à tout le moins une entente préliminaire : les événements actuels y conduisent peut-être, par la solidarité des intérêts européens en Extrême-Orient ; cela n'est pas encore.

La marine ne pourra donc tenter que la guerre de course. Mais pour ce faire, il ne suffit pas de posséder de la rapidité, il faut des points d'appui et beaucoup de charbon.

Saïgon est défendu. Grâce à la prévoyance de M. Paul Doumer qui dès les premiers temps de son gouvernement général, a consacré une part notable des finances locales à la construction de batteries au cap St-Jacques, l'entrée du Donnaï est difficile à forcer et l'arsenal maritime est à l'abri d'un coup de main. Cependant il reste des ouvrages à établir, suivant le plan fixé par la loi du 20 juillet 1900.

Mais quels autres refuges pourraient trouver nos croiseurs ? Quang-Tchéou, que M. Doumer a aussi commencé à fortifier, n'est pas encore en état de soutenir une longue résistance. La baie d'Along, à part de vieux torpilleurs et des torpilles, n'a d'autre protection que sa nature même, la multiplicité et l'étroitesse de ses chenaux d'accès. Ailleurs rien n'est prêt ; nulle part, malgré l'existence de plusieurs bonnes rades, un navire désemparé ou simplement chassé par une force supérieure, ne pourrait venir se mettre à l'abri de batteries de côte.

Avons-nous du moins sur ces trois points le moyen de ravitailler nos croiseurs en charbon ? A Saïgon la marine entretient normalement, dit-on, un stock de 10.000 tonnes. Or, abstraction faite du vieux cuirassé le *Vauban*, les bâtiments dont nous avons plus haut fait l'énumération et qui composent nos forces navales actuelles en Extrême-Orient, en exigent *plus de 11.000* pour faire le plein de leurs soutes. Les croiseurs *Infernet*, *Protet*, *Bugeaud*, *d'Assas*, prennent de 570 à 610 tonnes ; le *Pascal*, 800 ; le *Sully*, le *Gueydon*, le *Montcalm*, 1.600 ; le *Châteaurenault*, 2.000 ! Il est évident que Saïgon, aussi peu fourni, ne pourrait pas longtemps les alimenter.

S'il en est ainsi dans notre seul arsenal maritime, on peut juger de ce qu'il en doit être à Quang-Tchéou, où la proximité des parcs de Hong-Kong dispense en temps de paix d'avoir un stock de quelque importance.

A la baie d'Along, il y a les mines de Hone-gay. Cela suffirait pour attirer nos navires de combat au fond du golfe du Tonkin. Mais le charbon de cette origine est médiocre par lui-même ; il doit être transformé en briquettes. Or, le matériel actuel de fabrication est insuffisant pour la consommation intensive d'une escadre en temps de guerre : d'autre part, il faudrait s'assurer d'un stock important de brai et de charbon japonais pour les mélanges nécessaires en attendant qu'on arrive à l'utilisation du Hone-gay tel quel par nos bâtiments de guerre. En outre il manque un chenal permettant aux navires d'un fort tirant d'eau d'accéder à la baie même de Hone-gay et de venir aux appontements embarquer rapidement leur combustible.

Dans ces conditions déplorables, il est bien inutile pour le pré-

sent d'envoyer un plus grand nombre de navires de haute mer en
Extrême-Orient. Il pourrait même y avoir un inconvénient à le
faire, celui d'alarmer le Japon par des mesures d'apparence offen-
sive et de provoquer ainsi les événements mêmes que nous souhaitons éviter.

Ce qu'il faut, c'est envoyer des sous-marins et submersibles.
Leur faible rayon d'action en fait des organes de défense qui
ne pourraient inspirer aucune crainte aux puissances extrême-
orientales. M. Pelletan vient de prescrire le départ des six sous-
marins, *Protée*, *Lynx*, *Aigrette*, *Perle*, *Ludion* et *Naïade*. Or,
jusqu'à ce jour, on avait si peu songé à l'utilité de leur présence
en Indo-Chine, qu'il n'existe pas de moyens de transport pour
eux. Le croiseur porte-torpilleurs la *Foudre*, est fait pour recevoir
des torpilleurs ; pour les sous-marins plus lourds, des aménage-
ments spéciaux sont indispensables, que le port de Toulon réalise
en toute hâte et qui allongent le délai nécessaire pour secourir
notre colonie, délai dont nous avons parlé comme d'un des
facteurs qui éventuellement décideraient le Japon à une action
précipitée.

Il reste au surplus à savoir si ces petits navires pourront rendre
les services qu'on attend d'eux. En rivière de Saïgon, dans le
Donnaï, et le Mékong, ils seront inutilisables, l'eau étant trop
chargée de matières en suspension. Or, au large du delta de ces
fleuves, le refoulement des flots marins s'étend jusqu'à plusieurs
milles ; dans cette zone, les sous-marins trouveront-ils une eau
assez dépouillée pour leurs machines délicates ? Cela reste à déterminer. Ils pourront toutefois opérer dans les parages de la
baie d'Along où les eaux sont claires.

Beaucoup plus utiles seraient des submersibles à cause de leur
rayon d'action plus grand. Eux seuls auraient les moyens d'agir
pour attaquer les bâtiments ennemis participant à un blocus ou
convoyant les transports d'un corps de débarquement. Ils pourraient se rendre à destination par leurs propres moyens. Leur
présence en Extrême-Orient serait pour le moment la meilleure
sauvegarde de l'Indo-Chine, la seule d'une efficacité très grande
qui soit réalisable en quelques semaines et puisse par conséquent
influer sur la crise actuelle.

Cela fait, nos ministères et le Parlement ne devront pas consi-
dérer leur tâche comme terminée : l'Indo-Chine ne sera pas sauvée.
Elle ne peut l'être qu'à la suite de l'exécution d'un plan à longue
échéance dont la réalisation pourra, nous l'espérons, se faire avant

l'attaque japonaise prévue pour plus tard, mais qui exigera plusieurs années de suite dans les idées.

Il faudra non seulement parachever les défenses de Saïgon, Along et Quang-tchéou ; établir dans l'intervalle à Hone-cohc (port Dayot) ou Xuan-Day et à Tourane tels refuges et abris que les marins jugeront nécessaires avec tout l'accessoire côtier de sémaphores avertisseurs ; consolider les réserves indigènes et en faire fonctionner l'organisation ; installer des sanatoria où les troupes métropolitaines renforcées, puissent vivre en conservant leur activité et leur énergie ; assurer le ravitaillement en munitions par la création de poudreries et cartoucheries utilisant autant que possible la main-d'œuvre et les produits locaux.

Il faudra surtout poursuivre la conquête de l'âme indigène, achever le plus tôt possible le réseau ferré indo-chinois et enfin solutionner la question siamoise d'une manière radicalement française.

Ce qu'on doit faire du côté de nos sujets, nous n'essaierons pas de l'exposer ici ; la question est trop complexe. Nous dirons seulement qu'il faut résolument tenter de les faire évoluer vers notre civilisation ; il faut le faire avec méthode, par étapes successives, sans hâte exagérée et sans pour cela ridiculiser et détruire tout ce qui est leur patrimoine intellectuel et moral asiatique. Les Japonais ont accompli d'eux-mêmes, en 25 ans, cette évolution. Nos Indo-Chinois, et surtout les Tonkinois, sont susceptibles du même effort. A la France de conduire ce mouvement de telle sorte qu'il s'effectue pour elle ; alors sa domination, devenue association, n'aura plus rien à redouter.

Le développement économique du pays tend vers ce but. Les grands travaux inaugurés par M. Doumer, y sont un acheminement. Il faut donc pour cette raison poursuivre l'exécution des voies ferrées ; il faut aussi en compléter le réseau pour des raisons stratégiques de premier ordre.

La loi du 25 décembre 1898 qui a autorisé l'Indo-Chine à contracter un emprunt de 200 millions, n'a prévu que les lignes suivantes.

Haïphong à Hanoï et Lao-kay.	400 kil.
Hanoï à Nam-dinh et Vinh.	320 »
Vinh à Quang-tri.	» »
Quang-tri à Hué et Tourane.	195 »
Tourane à Khan-hoa.	» »
Khanh-hoa à Tan-linh et à Saïgon. . . } Tan-linh au Lang-bian. . . . . . }	650 »
Mytho à Vinh-long et Cantho.	95 »
	1660 kil.

Deux grandes lacunes resteront ainsi à combler, Vinh à Quang-tri et Tourane à Khanh-hoa, lorsque ce réseau sera achevé, pour que soit constituée la grande ligne du Tonkin en Indo-Chine.

La construction marche régulièrement au Tonkin. La ligne de Haïphong à Hanoï a été ouverte en 1902 ; vers Lao-kay, les trains dépassent Viétri de 40 kilomètres ; vers le Sud, ils roulent juqu'à Thanh-hoa depuis le mois de décembre dernier. Le réseau tonkinois sera achevé jusqu'à Lao-kay et Vinh à la fin de 1905.

En Annam, l'avancement ne se fait qu'avec une désespérante lenteur : la voie d'une construction difficile, il est vrai, ne sera livrée de Tourane à Hué qu'en 1905 et le gouverneur général actuel a paraît-il, renoncé pour le présent à la prolongation jusqu'à Quang-tri.

En Cochinchine et au Binh-thuan, l'exécution du plan de M. Doumer marche encore moins vite. Vers le nord, 71 kilomètres seulement sont achevés et l'administration indo-chinoise projette, paraît-il, de ne pas dépasser Tan-linh à la fin de 1905, l'embranchement du Lan-bian comme le prolongement vers le Khanh-hoa devant être, ainsi que le tronçon Mytho-Cantho, renvoyés à plus tard.

Cette lenteur dans l'exécution provient sans doute d'exigences budgétaires. Mais les modifications au plan consacré par la loi de 1898, sont dues surtout à un changement des idées directrices. Tandis que M. Doumer avait un sentiment très vif de la nécessité d'unifier à tous les points de vue l'Indo-Chine, et songeait tout en montant rapidement au Yunnam, à souder le plus tôt possible les trois tronçons du trans-indo-chinois, son successeur, M. Beau, a paru s'attarder à des vues particularistes et rien n'est préparé pour un nouvel emprunt qui permette, dès 1906, de continuer l'œuvre entreprise en utilisant toute l'organisation existante en personnel et en matériel d'exécution. D'autre part on s'est préoccupé dans l'administration et dans les milieux coloniaux, de l'utilité de construire une ou deux lignes pour mettre en communication les biefs du Mékong avec la côte d'Annam; ce serait soit la ligne de Vinh à Pak-hin-Boun, soit celle de Tourane Quang-tri à Savannaket, afin de précéder dans l'exploitation de la vallée du grand fleuve, les Siamois très menaçants par leur ligne de Bangkok à Korat.

Quelque intéressant que soit ce projet, nous croyons cependant qu'il doit être remplacé ou du moins précédé par la poursuite de l'utilisation de la voie du Mékong. Le traité de 1893 nous a reconnu des droits que le nouveau traité de 1904, vient de nouveau confirmer, droits qui doivent nous permettre de corriger par de courts tronçons ferrés les rapides qui coupent le grand fleuve. Grâce à ces moyens moins coûteux, il y aura sans doute possibilité de contrebalancer l'influence de Bangkok par celle de Saïgon.

L'Indo-Chine doit consacrer toutes ses ressources à l'achèvement de sa grande ligne du Nord au Sud. Elle doit le faire beaucoup moins vers un but de développement économique, que afin d'assurer sa défense en cas d'attaque extérieure. Il faut qu'avant 1910, sans emprunter la voie de mer, les troupes puissent se transporter rapidement d'un bout à l'autre de notre empire asiatique. Alors aussi Saïgon se trouvera considérablement renforcé en tant que base navale, du fait de son ravitaillement possible en charbon par les houillères de Tourane et de Hone-gay.

Mais il y a mieux ; ces chemins de fer construits, ces fortifications achevées, ces défenses mobiles et sous-marines complétées, l'Indo-Chine tout en pouvant faire une longue résistance, ne restera pas moins isolée de la métropole en cas de conflit avec une puissance extrême-asiatique qui serait maîtresse de la mer et dont les navires croiseraient à l'issue des étroits passages de Malacca et de la Sonde.

Il faut dès lors *placer sur la mer des Indes, avant les détroits de Malacca et de la Sonde, la porte d'entrée de notre empire reconstitué d'Asie.* Et c'est avec ce but en vue que toute la question du Siam doit être traitée.

Le Siam possède encore une partie notable de la presqu'île de Malacca malgré les empiètements récents plus ou moins dissimulés des Anglais sur les petits états de Tringanou et de Kelantan. Il reste maître de la côte de la péninsule sur la mer des Indes depuis l'estuaire de la rivière Pak-chan par 10° Nord jusque vers la latitude de 4°.

Au nord de la rivière Pak-chan et de l'isthme de Kra, le versant de la presqu'île, sur le golfe du Bengale, est anglais, mais le versant oriental reste siamois.

C'est sur cette partie de la côte de la mer des Indes, au Sud de 15° de latitude, qu'il importe au plus haut point à l'avenir de l'Indo-Chine française qu'un port s'ouvre sous notre pavillon, d'où parte une voie ferrée vers Bankgok avec bifurcation sur Pnom-Penh et Saïgon d'un côté, sur Hué et Hanoï de l'autre.

Les sites naturels ne manquent pas. C'est d'abord au sud, par 8°, la grande baie de Kilong (1) abritée par l'île de Salanga (Joncclang, Junkceylon) ; puis plus au nord, l'estuaire de Pak-chan, siamois sur la rive gauche, britannique sur l'autre ; ensuite la rivière de Mergui ou bien celle de Tavoy par 14° de latitude.

Étant donné la préoccupation qui nous anime, de ces divers points les plus septentrionaux, Mergui ou Tavoy seraient assurément les meilleurs. En effet de la baie de Kilong, la voie ferrée devrait suivre le versant oriental de la chaîne faîtière, couper un grand nombre de petites vallées et surtout rester proche de la mer, ce qui la laisserait exposée aux dangers d'une attaque des navires japonais mouillés dans le golfe de Siam. Il en serait à peu près de même pour la solution qui permettrait d'utiliser le Pak-chan.

Au contraire, un chemin de fer qui partirait de Mergui, ou surtout de Tavoy, outre qu'il serait beaucoup plus court jusqu'à Bangkok, aurait l'avantage de se trouver, par rapport au golfe de Siam, toujours dans l'intérieur des terres.

La possession d'une telle voie d'accès renforcerait considérablement la défense de l'Indo-Chine. Elle rapprocherait de plusieurs jours l'entrée de notre colonie ; la grande mer, sans détroits, s'étendrait entre elle et Djibouti au sortir de Bab-el-Mandeb, en sorte que les navires japonais, loins de leur base d'opérations, obligés de surveiller une grande longueur de côtes parsemées d'îles, exposés aux attaques des torpilleurs et sous-marins, seraient impuissants à faire un blocus effectif et à intercepter les renforts et les approvisionnements. L'obstacle formé par la presqu'île de Malacca et l'Insulinde avec leurs défilés serait en quelque sorte retourné ; il est aujourd'hui contre nous ; il serait désormais à notre avantage.

(1) Cartes de la mission Pavie.

L'importance de cette côte, à l'égard de l'Indo-Chine, est d'ailleurs dès longtemps connue.

Lorsqu'à la fin du xviie siècle Louis XIV eut une garnison à Bangkok, il fit occuper Mergui afin d'envoyer par là tous les hommes et ravitaillements nécessaires. Après la révolution siamoise de 1688 qui amena l'évacuation de ces deux points, ce fut l'île de Joncelang que les officiers du roi saisirent pour de là renouer avec le Siam les relations interrompues. Et si, dès 1824, les Anglais enlevèrent aux Birmans la possession du Tenasserim, c'est bien plus pour tenir une des voies d'accès vers l'autre péninsule asiatique, que pour exploiter une bande étroite de terre, montagneuse et peu peuplée. Il s'agit donc pour la France de reprendre une politique de jadis, une politique que la forme même de la presqu'île indo-chinoise indique comme naturelle et dont la réussite lui permettrait d'envoyer, pendant une guerre avec le Japon, des renforts à sa colonie menacée.

Des obstacles, il y en a, c'est certain ; mais à tout le moins, avant de les déclarer insurmontables, faut-il essayer de les tourner ou de les abattre. Avec une claire vision des nécessités indo-chinoises, avec de la persévérance et de la volonté, il ne semble pas impossible d'arriver au but.

Ces obstacles sont : le Siam et l'Angleterre, ou pour parler plus net l'Angleterre seule.

Par la convention du 15 janvier 1896, la France et l'Angleterre se sont entendues pour neutraliser la vallée du Ménam. Des territoires siamois à l'est et à l'ouest de cet zone médiane, il ne fut pas question ; aussi avons-nous soutenu déjà (1) que, dans ces conditions, ces territoires à l'est et à l'ouest restaient dans le *statu quo ante.* que par suite, sans violer la lettre du traité, la France pouvait se permettre d'agir dans la région siamoise de Malacca. Il est vrai que, par contre, il eût fallu reconnaître la possibilité pour l'Angleterre d'agir à l'est dans la vallé du Mékong ; à cela il n'y aurait pas eu un grand danger du moment que, tenant Chantaboun, nous fermions l'accès de cette vallée par territoire siamois non neutralisé. Nous aurions donc pu à la première occasion occuper l'île de Salanga (Joncelang) sur la mer des Indes.

Cette manière de voir sur la convention de 1896 avait pour point de départ l'opinion que cet acte était un échec pour la France en Indo-Chine ; il était donc naturel d'en chercher l'application la moins désavantageuse. Mais il eût fallu oser parler haut et ferme à

____

(1) *Rev. Fr.,* août 1896, p. 471.

l'Angleterre, ce qui, hélas, ! depuis longtemps ne se fait plus. Au lieu de cela, on réussit à faire pénétrer l'interprétation britannique dans l'opinion publique française : la presqu'île de Malacca, aux côtes accessibles de toutes parts, devint une « zone d'influence » intangible pour nous, et la vallée du Mékong, dont nous tenions tous les accès, nous fut gracieusement réservée.

Aujourd'hui il est trop tard pour revenir à cette interprétation. Les coloniaux eux-mêmes, qui ont eu tant à lutter à propos du Siam, ont abandonné cette position par crainte de tout perdre. D'ailleurs, les Anglais ont eu le temps de prendre quelques précautions. Leurs agissements dans les petits états de Kelantan et de Tringanou sont visibles. En outre, ils se sont fait reconnaître, dit le *Bulletin* du Comité de l'Asie française, le droit exclusif de construire des chemins de fer dans cette région siamoise non médiatisée de Malacca.

D'autre part, le rapprochement franco-anglais est survenu. Dès lors, il n'y a qu'à aborder franchement la question : *c'est l'abrogation des articles de la convention du 15 janvier 1896, concernant le Siam, qu'il nous faut.*

La question du Siam ne représente pour l'Angleterre aucun intérêt vital. Placé aux confins de l'expansion britannique, vers le S.-E. de l'Asie, ce pays est loin et très séparé de l'Hindoustan. Sa possession n'est pas nécessaire à la défense de cet empire ; la neutralisation de la vallée du Ménam couvre, il est vrai, à l'est, la frontière de la Birmanie ; mais outre que cette frontière est déjà très bien défendue par la zone montagneuse d'entre Salouen et Mékong-Ménam, à quoi servirait-il d'être amis, sinon à faire tomber la méfiance et les mesures consécutives ? Depuis la signature du traité d'arbitrage, l'Inde a-t-elle, comme devant, besoin de s'abriter derrière un état-tampon, alors que des deux côtés de la Manche on ne demande que la paix, alors que cet état-tampon ne peut manquer de faire naître des luttes d'influence, d'amener des déboires, des ressentiments et, par suite, la discorde ? L'Angleterre ne pourra pas craindre de voir nos troupes d'Indo-Chine venir menacer l'Inde ; la possession d'un port sur le golfe du Bengale ne nous est utile au point de vue stratégique qu'à l'égard du Japon ; la Grande-Bretagne conserverait après comme avant, sa supériorité navale, à l'Ouest comme à l'Est de la péninsule de Malacca.

Cependant, pour l'Angleterre, les territoires siamois de la presqu'île de Malacca, aujourd'hui non neutralisés, serviraient à rattacher par un lien terrestre les Straits Settlements à l'Inde. Mais cette utilité est vraiment ~bien mince ; on parle vaguement d'un chemin de fer de Rangoon à Singapore, projet pratiquement irréalisable au point de vue sinon technique, du moins économique et financier, du fait de la concurrence de la voie de mer, de la satisfaction des besoins de la colonisation au moyen de petites lignes dirigées vers les ports et, notamment, dans la partie élargie de la péninsule, d'un réseau convergeant vers Singapore.

En fait, le Siam n'intéresse l'Angleterre que comme marché commercial. Or, sur ce point, il serait facile de lui donner satisfaction en lui garantissant le maintien de la liberté commerciale dans la vallée du Ménam.

Mais il resterait à payer à l'Angleterre l'avantage politique que la France retirerait de sa renonciation au bénéfice des articles 1 et 2 de la convention du 15 janvier 1896, relatifs au Siam. Donnant, donnant.

Or, l'objet d'échange semble facile à trouver. A l'opposé de la mer des Indes, une convention du 10 octobre 1862 met la France et l'Angleterre en présence dans l'Oman à peu près comme au Siam, leur garantit des droits égaux et protège par suite l'indépendance du sultan de Mascate en limitant les agissements de l'une et l'autre nation (1).

Mais ici, à l'inverse de ce qui se passe au Siam, l'intérêt de l'Angleterre est plus considérable que celui de la France. Nous ne pouvons prétendre jouer un rôle politique dans le golfe Persique. Notre route vers la mer des Indes passe par Suez et la mer Rouge ; que ce chemin reste ouvert et nous pouvons, nous devons même par nécessité de concentration, nous désintéresser des destinées politiques du golfe Persique.

Toute autre est la position de l'Angleterre. Les visées de l'Allemagne sur la Mésopotamie, la marche des Russes à travers la Perse, toujours vers une mer libre, lui font désirer la domination de cette route comme de toute autre vers l'Inde. La récente

---

(1) M. François Deloncle a fait, le 29 janvier, à la Société des anciens élèves de l'Ecole coloniale, sous la présidence de M. Lucien Hubert, député, une conférence sur « les intérêts français au golfe Persique ». Il a montré l'importance des droits que la France tire du traité de 1852 au sujet de Mascate et déclaré que s'il fallait renoncer à ces droits, on ne le devrait faire que contre l'abandon par l'Angleterre des droits qui découlent à son profit de la convention de 1896, au Siam. Nous sommes particulièrement heureux de nous rencontrer sur cette question avec l'honorable député de la Cochinchine.

tournée maritime de lord Curzon montre quel intérêt actif Londres et Calcutta portent à la question.

Mais tout avantage matériel obtenu par l'Angleterre sur la rive Sud du golfe d'Oman ou du détroit d'Ormuz peut être aussitôt revendiqué, traité en mains, par la France. L'Angleterre a besoin d'être seule dans l'Oman comme nous au Siam.

N'y a-t-il pas là matière à échange équitable : le traité de 1862 pour la convention de 1896 ?

Si la convention du 15 janvier 1896 venait, par ce moyen diplomatique, à disparaître de la question du Siam, nos rapports avec le gouvernement de Bangkok seraient désormais faciles à régler. La mauvaise foi dont il a récemment fait preuve à propos du projet de traité de 1902, est une bravade qui autorise la France à traiter rudement ce petit État qui se pose en rival de notre influence, voire même en ennemi, dans la péninsule indo-chinoise.

A l'heure actuelle, le concours de l'Angleterre disparaissant, aucune autre nation n'aura un intérêt suffisant à venir la remplacer pour stimuler la résistance siamoise. Dans quelques années, il n'en sera peut-être plus ainsi.

D'ailleurs, nous ne proposerions pas l'incorporation pure et simple du Siam dans l'unité indo-chinoise. Nous souhaiterions seulement un régime analogue à celui dont il paraît être question pour le Maroc, régime qui respecterait le pouvoir royal et l'organisation indigène tout en nous permettant, sans compétitions étrangères, d'accéder par voies ferrées à la mer des Indes et de faire évoluer sans violence le peuple siamois dans une direction favorable à la France. Rien n'empêcherait alors de donner toute satisfaction à S. M. Chulalongkorn, quant à Chantaboun, à la zone de 25 kilomètres, aux protégés chinois, etc. ; son autorité en serait affermie.

Il resterait toutefois à obtenir un échange de territoires entre le Siam, sous l'influence française, et l'Angleterre : les principautés de Malacca jusqu'à l'isthme de Ligor et le territoire siamois de la haute Salouen contre les deux districts de Tavoy et de Mergui dans le Tenasserim.

Le Siam perdrait à ce troc des provinces éloignées, excentriques ; il y gagnerait de recouvrer une région proche de Bangkok, qui lui avait été enlevée par les Birmans au xviiie siècle.

L'Angleterre céderait une zone étroite, resserrée entre la mon-

tagne et la mer (1) pour devenir la maîtresse incontestée et défi-
nitive de toute la partie élargie de la presqu'île malaise ; elle écar-
terait toute ingérence étrangère sur la haute Salouen ; ses nouveaux
territoires seraient plus étendus que les anciens et pour le moins
aussi riches en mines et en bois.

Quant à la France, elle pourrait alors faire choix entre les principaux points de la côte orientale, de celui qui conviendrait le
mieux aux nécessités indo-chinoises.

L'intérêt bien entendu des deux nations nous paraît conduire à
cette solution : l'Angleterre libre d'agir à Mascate et la France à
Bangkok. Est-ce trop espérer du rapprochement franco-anglais
dont l'initiative en somme appartient à nos voisins ?

En tout cas, l'intérêt de la France n'est pas douteux : l'Indo-
Chine française a besoin d'accéder à la mer des Indes comme la
Russie a besoin d'atteindre la mer Jaune à travers la Mandchourie
comme l'Angleterre a besoin de surveiller les routes vers l'Inde,
comme les Etats-Unis ont besoin de dominer le canal de Panama.

Dès lors tout traité avec le Siam doit être précédé de l'abrogation des articles 1 et 2 de la convention du 15 janvier 1896. Tout
traité avec le Siam, dans l'état actuel des choses, serait prématuré,
voire même nuisible.

Il faut que l'Indo-Chine française accède à la mer des Indes à
travers le Siam subordonné à notre influence. Certes, cette question doit être primée par celle du Maroc ; mais elle est de même
ordre et doit être classée aussitôt après dans la liste des solutions
coloniales nécessaires. Le Siam est nécessaire à l'Indo-Chine,
autant et même plus que le Maroc à l'Algérie.

(1) Tavoy. . . . 18.517 kil. car. ;   85.000 hab. ;   soit 4 h. 59 par k. c.
    Mergui . . . 20.226   d°   ;   56.000   d° ;   soit 2 h. 79   · d°
                  38.743   d°   ;   141.000   d° ;   soit 3 h. 69   d°
                            (D'après V. de St-Martin. Dictionnaire de géogr.)

N. B. — L'organisation actuelle des réserves indigènes ne peut
donner que 6.000 hommes au Tonkin et 1.500 en Cochinchine,
soit 7.500 au lieu des 60.000 dont il est question ci-dessus d'après
la *Quinzaine Coloniale*. Notre raisonnement sur l'insuffisance des
effectifs militaires n'en a que plus de force.

A. SALAIGNAC.

TRAITÉ DU Ier OCTOBRE 1893 AVEC LE SIAM.

Art. 1er. — Le gouvernement Siamois renonce à toute prétention sur l'ensemble des territoires de la rive gauche du Mékong et sur les îles du fleuve.

Art. 2. — Le gouvernement Siamois s'interdit d'entretenir ou de faire circuler des embarcations ou des bâtiments armés sur les eaux du Grand-Lac, du Mékong et de leurs affluents situés dans les limites visées à l'article suivant :

Art. 3. — Le gouvernement Siamois ne construira aucun poste fortifié ou établissement militaire dans les provinces de Battambang et de Siem-Reap et dans un rayon de 25 kilomètres sur la rive droite du Mékong.

Art. 4. — Dans les zones visées par l'article 3, la police sera exercée, selon l'usage, par les autorités locales, avec les contingents strictement nécessaires. Il n'y sera entretenu aucune force armée régulière ou irrégulière.

Art. 5. — Le gouvernement Siamois s'engage à ouvrir, dans un délai de six mois, des négociations avec le gouvernement Français en vue du règlement du régime douanier et commercial des territoires visés à l'article 3 et de la révision du traité de 1856. Jusqu'à la conclusion de cet accord, il ne sera pas établi de droit de douane dans la zone visée à l'article 3, la réciprocité continuera à être accordée par le gouvernement Français aux produits de la dite zone.

Art. 6. — Le développement de la navigation du Mékong pouvant rendre nécessaires sur la rive droite certains travaux ou l'établissement de relais de batellerie et de dépôt de bois et de charbon, le gouvernement Siamois s'engage à donner sur la demande du gouvernement Français, toutes facilités nécessaires à cet effet.

Art. 7. — Les citoyens, sujets ou ressortissants français pourront librement circuler et commercer dans les territoires visés à l'article 3, munis d'une passe délivrée par les autorités françaises. La réciprocité sera accordée aux habitants des dites zones.

Art. 8. — Le gouvernement Français se réserve d'établir des Consuls où il jugera convenable dans l'intérêt de ces ressortissants et notamment à Korat et à Muang-Nan.

Art. 9. — En cas de difficultés d'interprétation le texte français seul fera foi.

Art. 10. — Le présent traité devra être ratifié dans un délai de quatre mois à partir du jour de la signature.

CONVENTION ANNEXE

. . . .

Art. 1er. — Les derniers postes militaires Siamois de la rive gauche du Mékong devront être évacués dans le délai maximum d'un mois à partir du 5 septembre.

Art. 2. — Toutes les fortifications de la zone visée à l'article 3 du traité en date de ce jour devront être rasées.

Art. 3. — Les auteurs des attentats de Tong-Xieng-Khan et de Kammoun seront jugés par les autorités siamoises ; un représentant de la France assistera au jugement et veillera à l'exécution des peines prononcées. Le gouvernement Français se réserve le droit d'apprécier si les condamnations sont suffisantes, et, le cas échéant, de réclamer un nouveau jugement devant un tribunal mixte dont il fixera la composition.

Art. 4. — Le gouvernement Siamois devra remettre à la disposition du Ministre de France à Bangkok ou aux autorités françaises de la frontière tous les sujets français, annamites, laotiens de la rive gauche et les cambodgiens détenus à un titre quelconque. Il ne mettra aucun obstacle au retour sur la rive gauche des anciens habitants de cette région.

Art. 5. — Le Bam-Bien de Tong-Xieng-Khan et sa suite seront amenés par un délégué du Ministre des affaires étrangères à la légation de France, ainsi que les armes et le pavillon français saisis par les autorités siamoises.

Art. 6. — Le gouvernement Français continuera à occuper Chantaboun jusqu'à l'exécution des stipulations de la présente convention et notamment jusqu'à complète évacuation et pacification tant de la rive gauche que des zones visées à l'article 3 du traité en date de ce jour.

CONVENTION DU 15 JANVIER 1896, AVEC L'ANGLETERRE

I. — Les gouvernements de France et de Grande-Bretagne s'engagent mutuellement à ne faire pénétrer, dans aucun cas ou sous aucun prétexte, sans le consentement l'un de l'autre, leurs forces armées dans la région comprenant les bassins des rivières Petchabouri, Meiklong, Ménam et Bang Pa Kong (rivière de Petriou) et de leurs affluents respectifs, ainsi que le littoral qui s'étend depuis Muong Bang Tapan jusqu'à Muong Pase, les bassins des rivières sur lesquelles sont situées ces deux villes, et les bassins des autres rivières dont les embouchures sont incluses dans cette étendue de littoral, et comprenant aussi le territoire situé au nord du bassin du Ménam entre la frontière Anglo-Siamoise, le fleuve Mékong, et la limite orientale du bassin du Me Ing. Ils s'engagent en outre à n'acquérir dans cette région aucun privilège ou avantage particulier dont le bénéfice ne soit pas commun à la France et à la Grande-Bretagne, à leurs nationaux et ressortissants, ou qui ne leur serait pas accessible sur ce pied de l'égalité.

Ces stipulations, toutefois, ne seront pas interprétées comme dérogeant aux clauses spéciales qui, en vertu du traité conclu le 3 octobre 1893, entre la France et le Siam, s'appliquent à une zone de 25 kilomètres sur la rive droite du Mékong et à la navigation de ce fleuve.

II. — Rien dans la clause qui précède ne mettra obstacle à aucune action dont les deux puissances pourraient convenir, et qu'elles jugeraient nécessaire pour maintenir l'indépendance du Royaume de Siam. Mais elles s'engagent à n'entrer dans aucun arrangement séparé qui permette à une tierce Puissance de faire ce qu'elles s'interdisent réciproquement par la présente déclaration.

(Les articles suivants traitent des états Shans, du Yunnan, du Szetchouen, du Niger et de la Tunisie).

TRAITÉ DU 13 FÉVRIER 1904 AVEC LE SIAM.

Art. 1er. — La frontière entre le Siam et le Cambodge part, sur la rive gauche du Grand Lac, de l'embouchure de la rivière Stung-Roluos ; elle suit le parallèle de ce point dans la direction de l'Est jusqu'à la rencontre de la rivière Prek-Kompong-Tiam, puis, remontant vers le nord, elle se confond avec le méridien de ce point de rencontre jusqu'à la chaîne de montagne Pnom-Dang-Rek. De là elle suit la ligne de partage des eaux entre les bassins du Nam-Sen et du Mékong d'une part et du Nam-Moun d'autre part, et rejoint la chaîne Pnom-Padang dont elle suit la crête vers l'Est jusqu'au Mékong. En amont de ce point, le Mékong reste la frontière du royaume de Siam, conformément à l'article 1 du traité du 30 octobre 1893.

Art. 2. — Quant à la frontière entre le Luang-Prabang, rive droite et les provinces de Muang-Phichaï et Muang-Nan, elle part du Mékong à son confluent avec le Nam-Huong, et suivant le thalweg de cette rivière jusqu'à son confluent avec le Nam-Tang, remontant ensuite le cours dudit Nam-Tang, elle atteint la ligne de partage des eaux entre les bassins du Mékong et de la Ménam, en un point situé près de Pou-Déne-Déne. A partir de ce point, elle remonte vers le Nord, suivant la ligne de faite entre les deux bassins jusqu'aux sources de la rivière Nam-Kop, dont elle suit le cours jusqu'à sa rencontre avec le Mékong.

Art. 3. — Il sera procédé à la délimitation des frontières entre le royaume de Siam et les territoires formant l'Indo-Chine française. Cette délimitation sera effectuée par des commissions mixtes, composées d'officiers nommés par les deux pays contractants.

Le travail portera sur la frontière déterminée par les articles 1 et 2 ainsi que sur la région comprise entre le Grand-Lac et la mer.

En vue de faciliter les travaux des commissions et en vue d'éviter toute possibilité de difficulté dans la délimitation de la région comprise entre le Grand-Lac et la mer, les deux gouvernements se mettront d'accord, avant la nomination des commissions mixtes pour fixer les points principaux de la délimitation dans cette région, notamment le point où la frontière atteindra la mer.

Les commissions mixtes seront nommées et commenceront leurs travaux dans les quatre mois après la notification de la présente convention.

Art. 4. — Le gouvernement Siamois renonce à toute prérogative de suzeraineté sur les territoires de Luang-Prabang, situés sur la rive droite du Mékong. Les bateaux de commerce et les trains de bois appartenant à des Siamois auront le droit de naviguer librement sur la partie du Mékong traversant le territoire de Luang-Prabang.

Art. 5. — Aussitôt que l'accord prévu par l'article 3 paragraphe 2 et relatif à la délimitation de la frontière entre le Grand-Lac et la mer aura été établi et aussitôt qu'il sera officiellement notifié aux autorités françaises que les territoires résultant de cet accord et les territoires situés à l'Est de la frontière, telle qu'elle est indiquée aux articles 1 et 2 du présent traité, se trouvent à leur disposition, les troupes françaises qui occupent provisoirement Chantaboun, en vertu de la convention du 3 octobre 1893, quitteront cette ville.

Art. 6. — Les dispositions de l'article 4 du traité du 3 octobre 1893 seront remplacées par celles qui suivent :

S. M. le roi de Siam prend l'engagement que les troupes qu'Elle enverra ou entretiendra dans tout le bassin siamois du Mékong seront toujours des troupes de nationalité siamoise, commandées par des officiers de cette nationalité. Il n'est fait exception à cette règle qu'en faveur de la gendarmerie siamoise, actuellement commandée par des officiers danois. Dans le cas où le gouvernement Siamois voudrait substituer à ces officiers des officiers étrangers appartenant à une autre nationalité, il devrait s'entendre au préalable avec le gouvernement Français.

En ce qui concerne les provinces de Siem-Reap, de Battambang, et de Sisophon, le gouvernement Siamois s'engage à n'y entretenir que les contingents de police nécessaires pour le maintien de l'ordre. Ces contingents seront recrutés exclusivement sur place parmi les indigènes.

Art. 7. — A l'avenir, dans la partie siamoise du bassin de Mékong, le gouvernement royal, s'il désire exécuter des ports, canaux, chemins de fer (notamment des chemins de fer destinés à relier la capitale à un point quelconque de ce bassin) se mettra d'accord avec le gouvernement Français, dans le cas où ces travaux ne pourraient être exécutés exclusivement par un personnel et avec des capitaux siamois. Il en serait naturellement de même pour l'exploitation desdites entreprises.

En ce qui concerne l'usage des ports, canaux, chemins de fer, aussi bien dans la partie siamoise du bassin du Mékong que dans le reste du royaume, il est entendu qu'aucun droit différentiel ne pourra être établi contrairement au principe de l'égalité commerciale inscrite dans les traités signés par le Siam.

Art. 8. — En exécution de l'article 6 de la convention du 3 octobre 1893 des terrains d'une superficie à déterminer seront concédés par le gouvernement Siamois au gouvernement de la République aux points suivants, situés sur la rive droite du Mékong : Xieng-Khang, Nong-Khay, Muong-Saniabouri, embouchure du Nam-Kan, (rive droite ou rive gauche), Bank-Mouk-Dahan, Kemmarat, et embouchure du Nam-Moun (rive droite ou rive gauche).

Les deux gouvernements s'entendront pour dégager le cours du Nam-Moun entre son confluent avec le Mékong et Pimoun des obstacles qui gênent la navigation. Dans le cas où ces travaux seraient reconnus inexécutables ou trop coûteux, les deux gouvernements se concerteraient pour l'établissement d'une voie terrestre de communication entre Pimoun et le Mékong.

Ils s'entendront également pour établir entre Bassac et la frontière du Luang-Prabang, telle qu'elle résulte de l'article 2 du présent traité, les lignes ferrées qui seraient reconnues nécessaires pour suppléer au défaut de navigabilité du Mékong.

Art. 9. — Dès à présent, il est convenu que les deux gouvernements faciliteront l'établissement d'une voie ferrée reliant Pnom-Penh à Battambang. La construction et l'exploitation seront faites soit par les gouvernements eux-mêmes, chacun d'eux se chargeant de la partie qui est sur son territoire, soit par une compagnie franco-siamoise agréée par les deux gouvernements.

Les deux gouvernements sont d'accord sur la nécessité de faire des travaux pour améliorer le cours de la rivière de Battambang entre le Grand-Lac et cette ville. A cet effet, le gouvernement Français est prêt à mettre à la disposition du gouvernement Siamois les agents techniques dont celui-ci pourrait avoir besoin tant en vue de l'exécution que de l'entretien des dits travaux.

Art. 10. — Le gouvernement de Sa Majesté siamoise accepte les listes des protégés français telles qu'elles existent actuellement à l'exception des individus dont il serait reconnu de part et d'autre que l'inscription a été indûment obtenue. Copie de ces listes sera communiquée aux autorités siamoises par les autorités françaises.

Les descendants des protégés ainsi maintenus sous la juridiction française n'auront plus le droit de réclamer leur inscription s'ils ne rentrent pas dans la catégorie des personnes visées à l'article suivant de la présente convention.

Art. 11. — Les personnes d'origine asiatique nées sur un territoire soumis à la domination directe ou placé sous le protectorat de la France, sauf celles qui ont fixé leur résidence au Siam avant l'époque où ce territoire dont elles sont originaires a été placé sous cette domination ou sous le protectorat, auront droit à la protection française. La protection française sera accordée aux enfants de ces personnes, mais ne s'étendra pas à leurs petits-enfants.

Art. 12. — En ce qui concerne la juridiction à laquelle seront soumis sans aucune exception tous les Français et protégés français au Siam, les deux gouvernements conviennent de substituer aux dispositions existantes les dispositions suivantes :

1° *En matière pénale*, les Français ou protégés français ne seront justiciables que de l'autorité judiciaire française ;

2° *En matière civile*, tout procès intenté par un Siamois contre un Français ou protégé français sera porté devant le tribunal consulaire français.

Tout procès dans lequel le défendeur sera Siamois, sera porté devant la cour siamoise *des causes étrangères* instituée à Bangkok.

Par exception, dans les provinces de Xieng-Maï, Lakhon, Lamhoun et Nan, tous les procès civils et criminels intéressant les ressortissants français seront portés devant la cour « internationale » siamoise.

Mais il est entendu que, dans tous ces procès, le consul de France aura le droit d'assister aux audiences ou de s'y faire représenter par un délégué dûment autorisé et de formuler toutes observations qui lui sembleront convenables dans l'intérêt de la justice.

Au cas où le défendeur serait Français ou protégé français, le consul de France pourra, à tout moment au cours de la procédure, s'il le juge opportun et moyennant une réquisition écrite, évoquer l'affaire en cours.

Celle-ci sera alors transférée au tribunal consulaire français, qui sera à partir de ce moment, seul compétent et auquel les autorités siamoises seront tenues de prêter le concours de leurs bons offices.

Les appels des jugements rendus, tant par la « Cour des causes étrangères » que par la « Cour internationale » pour les quatre provinces susmentionnées, seront portées devant la cour d'appel de Bangkok.

Art. 13. — En ce qui concerne pour l'avenir, l'admission à la protection française des Asiatiques qui ne sont pas nés sur un territoire soumis à l'autorité directe ou au protectorat de la France ou qui ne se trouvent pas légalement naturalisés, le gouvernement de la République jouira de droits égaux à ceux que le Siam accorderait à toute autre puissance.

Art. 14. — Les dispositions des anciens traités, accords et conventions entre la France et le Siam, non modifiées par la présente convention restent en pleine vigueur.

Art. 15. — En cas de difficultés d'interprétation de la présente convention, rédigée en français et en siamois, le texte français fera seul foi.

Art. 16. — La présente convention sera ratifiée dans un délai de quatre mois à partir du jour de la signature, ou plus tôt si faire se peut.

NOTE ANNEXE

.   .   .   .

« La convention du 13 février 1904 confirme tous les avantages de la convention du 7 octobre 1902, et de plus, contient une série de clauses qui assurent à la France une influence économique et politique dans le Laos siamois et les anciennes provinces cambodgiennes de Battambang, de Siem-Reap et de Sisophon.

Dans ces provinces qui avoisinent le Grand-Lac, le Siam, s'efforçait depuis plusieurs années de détruire les autorités locales et de substituer une gendarmerie siamoise à la police indigène. Ces tentatives ne pourront plus se produire. Le Siam s'engage en effet à entretenir dans les provinces de Siem-Reap, de Battambang et de Sisophon, une force de police exclusivement indigène. Une fois le traité ratifié, tous les officiers chargés d'instruire et de commander les contingents indigènes seront choisis dans l'armée française.

La sécurité dans les provinces, une fois assurée de cette manière, des travaux d'utilité publique, tels que le chemin de fer de Battambang à Pnom-Penh et l'amélioration du cours de la rivière du Battambang seront entrepris sous la direction de nos ingénieurs. En même temps des commissions mixtes délimiteront la nouvelle frontière franco-siamoise ; la portion de la frontière qui s'étend entre le Grand Lac et la mer n'avait pu être délimitée depuis 1867, et jusqu'à ce que les points principaux de la délimitation aient été fixés, notamment le point où la frontière atteindra la mer et jusqu'à ce que les territoires qui nous en reviendront nous aient été livrés la France continuera d'occuper Chantaboun.

Au nord du royaume de Bassac s'étend la vallée de la Nam-Moun, dont le cours est embarrassé par des rapides quelques kil. avant que la rivière débouche dans le Mékong. Afin de permettre à notre empire Indo-Chinois d'exercer dans cette région, la plus riche de tout le Laos siamois, une influence économique, nos ingénieurs pourront, soit par des voies terrestres, soit par des travaux hydrographiques, faciliter l'accès d'Oubon, capitale du pays, aux marchandises venant de Saïgon.

Le long de la rive droite du Mékong, sur les points désignés par le gouvernement général de l'Indo-Chine dans tous les grands centres commerciaux, le Siam concède à la France des terrains où seront fondés des établissements de commerce et de navigation ; des chemins de fer construits en territoire siamois suppléeront à la voie du Mékong partout où celle-ci présente des obstacles. Ainsi sur cette rive droite la France occupera un grand nombre de points.

Cette occupation rendra, en effet, inutile la zone de 25 kilomètres dont le but était d'empêcher les Siamois de s'établir sur la rive gauche du Mékong.

De plus, le Siam renonçant à toute souveraineté sur les territoires du Luang-Prabang, situés sur la rive droite du Mékong, les districts de Kentao et de Koutsavadi, que le gouvernement de Bangkok nous contestait, restent à la France.

Telles sont les modifications territoriales que le gouvernement de Bangkok accepte.

La question des protégés est réglée suivant nos demandes. Le Siam accepte les listes actuelles. Notre juridiction est complète sur tous nos protégés sans distinction. »

EXPOSÉ DES MOTIFS DU PROJET DE LOI

. . . .

Au surplus, les provinces de Battambang, d'Angkor (Siem Reap) et de Sisophon sont appelées à bénéficier d'un régime spécialement approprié aux origines des habitants. Dans ces provinces, le soin d'assurer la sécurité sera attribué à des troupes de police exclusivement indigènes. De plus un arrangement spécial prescrit que le commandement et l'instruction de ces contingents de police à Battambang et Siem Reap seront confiés à des officiers français.

En consentant ces nombreuses et importantes concessions, le gouvernement siamois visait avant tout l'abandon du gage que nous détenons à titre provisoire, depuis 1893, à Chantaboun.

Pourtant, nous avons cru devoir subordonner la remise de ce gage à une dernière condition qui, par la délimitation de la frontière entre le Grand-Lac et la mer, prévue par l'article 4 du traité de 1867, nous assurerait, à proximité de Chantaboun, une position plus forte, et, au point de vue économique, bien plus avantageuse. Il est donc convenu qu'une commission mixte procédera à la délimitation des frontières entre le royaume de Siam et l'Indo-Chine française. Mais, avant même la nomination de cette commission, les deux gouvernements auront à se mettre d'accord pour déterminer les points principaux du tracé, et notamment celui où la frontière atteindra le golfe de Siam.

Or, le gouvernement Siamois est dès à présent averti que *nous tenons à ce que ce nouveau tracé partant de la rive occidentale du Grand-Lac atteigne la mer au nord de Kratt* qui est le meilleur port de la côte, et nous laisse, par suite toute la bande du littoral maritime au sud-est de ce point. Ce n'est qu'après que l'accord sera complètement établi sur cette nouvelle délimitation et quand tous les territoires qui nous sont attribués par la convention auront été officiellement mis à notre disposition que nos troupes seront retirées de Chantaboun où un agent du service consulaire prêtera son concours à la partie de la population habituée à se réclamer de notre protection.

...Nous avons pensé aussi qu'il y avait lieu de tenir compte, dans cette mesure, de la volonté dont témoigne le gouvernement royal de réformer sa législation et son personnel judiciaire, de manière à présenter aux justiciables des garanties sérieuses tant au point de vue de la loi que de l'impartialité des juges. Nous trouvons une de ces garanties dans *l'engagement pris par le gouvernement siamois d'adjoindre, dès la ratification du traité, un conseiller français aux plus hauts fonctionnaires de son ministère de la justice.* . . . .

. . . .

L'ACCORD FRANCO-ANGLAIS DE 1904

En ce qui concerne l'Indo-Chine l'accord anglo-français du 8 avril 1904 dit :

I. — SIAM

« Le gouvernement de Sa Majesté Britannique et le gouvernement de la République française maintiennent les articles 1 et 2 de la déclaration signée à Londres le 15 janvier 1895, par le marquis de Salisbury, principal secrétaire d'Etat pour les affaires étrangères de Sa Majesté Britannique à cette époque, et le baron de Courcel, ambassadeur de la République française près Sa Majesté Britannique à cette époque.

Toutefois, en vue de compléter ces dispositions, ils déclarent d'un commun accord que l'influence de la Grande-Bretagne sera reconnue par la France sur les territoires situés à l'ouest du bassin de la Meïnam, et de celle de la France sera reconnue par la Grande-Bretagne sur les territoires situés à l'est de la même région, toutes les possessions siamoises à l'est au sud-est de la zone susvisée et les îles adjacentes relevant ainsi désormais de l'influence française et, d'autre part, toutes les possessions siamoises à l'ouest de cette zone et du golfe de Siam, y compris la Péninsule malaise et les îles adjacentes, relevant de l'influence anglaise.

Les deux parties contractantes, écartant d'ailleurs toute idée d'annexion d'aucun territoire siamois, et résolues à s'abstenir de tout acte qui irait à l'encontre des dispositions des traités existants, conviennent que, sous cette réserve et en regard de l'un et de l'autre, l'action respective des deux gouvernements s'exercera librement sur chacune des deux sphères d'influence ainsi définies. »

Ainsi se trouvent confirmés les articles 1 et 2 de la convention du 15 janvier 1896, dont nous demandions plus haut d'obtenir l'abandon à notre profit moyennant un prix convenable, suivant l'esprit même qui a procédé à l'ensemble des accords franco-anglais. Ces articles sont même aggravés par suite de la détermination explicite de « zones d'influence » réservées à l'Est, à la France ; à l'Ouest et dans la presqu'île de Malacca, à l'Angleterre.

D'aucuns peuvent croire que c'est là le triomphe du point de vue français, puisque c'est contraire aux prétentions émises, nous a-t-on appris par lord Salisbury lui-même, qui, dans deux lettres, déclara dès 1896, qu'aucune partie du territoire siamois n'était ouverte à l'action particulière de l'une des deux puissances signataires (1).

Les Anglais n'auraient eu aucun intérêt à intervenir dans la vallée du Mékong, tandis que nous aurions un intérêt indo-chinois majeur à faire partir du littoral siamois de la mer des Indes une voie ferrée vers Saïgon, Hanoï et Hué. Lord Salisbury donnait « un coup d'épingle » ; il transportait en diplomatie le principe naval britannique : la frontière est au littoral de l'ennemi.

Il y a plus : par le troisième paragraphe de la nouvelle déclaration, les deux nations déclarent qu'elles écartent « toute idée d'annexion ». L'intégrité territoriale du Siam se trouve désormais garantie par la France et l'Angleterre.

La restitution des provinces d'Angkor et de Battambang au roi du Cambodge sera désormais impossible et si la cour de Siam poursuit sa politique anti-française, nous ne pourrons pas la mettre à la raison sans le consentement de l'Angleterre.

On peut même se demander ce que deviennent celles des clauses du traité du 13 février 1904 avec le Siam et des actes annexes, connus ou non, par lesquelles seraient cédées à la France la baie de Kratt, une petite portion du rivage du Grand-Lac, les provinces de Melou-prey et de Bassac et la partie du Luang-Prabang qui est sur la rive droite du Mékong. Le traité n'est pas encore ratifié, il n'est pas « existant » et les Siamois pourraient battre en retraite pour se réfugier derrière la déclaration franco-anglaise.

Cependant dussions-nous renoncer aux avantages territoriaux ci-dessus, nous préférerions le maintien de la disposition nouvelle dont il s'agit. Si elle nous arrête à l'Est, elle arrête les Anglais à l'Ouest ; or il nous semble que les empiètements d'ordre politique dans la presqu'île malaise formeraient l'obstacle le plus difficile à renverser pour la poursuite du but que nous avons en vue : *sur la mer des Indes ; la porte d'entrée de notre empire reconstitué d'Asie.* »

La déclaration du 8 avril 1904, ne change donc rien à la politique qu'il semble nécessaire de suivre vers l'*Indo-Chine désirable*. A l'égard de l'Angleterre ce sera une affaire de marchandage ; les accords actuels doivent en amener d'autres. A l'égard du Siam, il vaut mieux quant à présent s'en tenir au traité de 1893.

(1) Ce qui confirme l'existence de la lacune que, dès 1896, nous avions signalée dans la convention du 15 janvier et dont il a été parlé plus haut.

TABLE DES MATIÈRES

Angoulême.— Imp. L. COQUEMARD et Cie

LIBRAIRIE AFRICAINE ET COLONIALE

J. ANDRÉ, Editeur

27, Rue Bonaparte. — PARIS

EXTRAIT DU CATALOGUE

ANGOULVANT et VIGNÉRAS

Djibouti, Mer Rouge, Abyssinie, 1 vol. in-12 br. .... **3 fr. 50**

CAIX (R. de).

Fachoda, La France et l'Angleterre, 1 vol. in-12 br... **3 fr. 50**

CRÉMIEUX (Capitaine).

Notions d'annamite vulgaire, 1 vol. in-12 br. .... **4 fr.**

DAVILLÉ (Docteur).

Guide pratique du colon en Nouvelle-Calédonie, 1 vol. in-12 br., carte, illustré .... **2 fr. 50**

DEVILLE (V.).

Le Partage de l'Afrique, 1 vol. in-12 br., cartes .... **5 fr.**

DUJARRIC (G.).

La Vie du sultan Rabah. Les Français au Tchad, 1 vol., in-8. **3 fr.**

FARMER (C.).

La culture du cotonnier, 1 vol. in-12 br., illustré .... **5 fr.**

GALLOIS (E.).

La France d'Asie, 1 vol. in-18 br. **1 fr.**

GAIGNEROT (R.).

La Question d'Egypte, 1 vol. in-8, br. .... **4 fr.**

GUYOT.

Voyage au Zambèse, 1 vol. in-8, illustré .... **5 fr.**

HOUDAS.

Précis de grammaire arabe (régulier et vulgaire), 1 vol. in-8, rel. **6 fr.**

JULLY (A.).

Manuel des dialectes malgaches, 1 vol. in-8, rel. .... **5 fr.**

LENORMEND.

Le Péril étranger, questions algériennes, 1 vol. in-12 br... **3 fr. 50**

MATTEI.

Bas-Niger, Bénoué, Dahomey, 1 vol. in-8, br. .... **5 fr.**

Notice sur la Réunion, 1900, 1 beau vol. in-8, illustré .... **2 fr.**

PENSA (H.).

L'avenir de la Tunisie. Protectorat, colonisation, 1 vol. in-8, rel. .... **6 fr.**

PÉRIGNON (Capitaine).

Haut-Sénégal, Moyen-Niger, Kita et Ségou, 1 vol. in-8, ill. carte. **5 fr.**

RAHIDY (R.-P.).

Cours pratique de langue malgache :

Grammaire, 1 vol. in-12, rel. **3 fr. 50**

Dialogues et vocabulaires franco-malgaches, 1 vol. in-12, rel. **4 fr.**

Exercices et vocabulaire malgaches-français, 1 vol. in-12, rel. **4 fr.**

SOMBSTHAY.

Annam et Tonkin. Organisation, Législation, Administration annamites, 1 vol. in-12, br... **6 fr.**

VERDIER.

35 années de lutte aux colonies. Côte occidentale d'Afrique, 1 vol. in-8, illustré .... **7 fr. 50**

Angoulême. — Imprimerie L. COQUEMARD et Cⁱᵉ